# エドワード・サイード
# ある批評家の残響

EDWARD W. SAID

中井亜佐子

書肆侃侃房

エドワード・サイード　ある批評家の残響

＊もくじ

終章　人文学に〈新しさ〉は可能か

## 引用の註記について

本書では、エドワード・W・サイードの著作のうち単行本として刊行されたものを引用する際には、引用に続く（ ）内に原著の略号とともに原著の頁数をアラビア数字で註記する。日本語訳がある場合はその頁数を漢数字で併せて記載する。たとえば『オリエンタリズム』の原著三一頁、訳書上巻七九頁からの引用は、（O 31／上七九）のように記す。

サイードの著作を含む英語文献からの引用は筆者自身が訳出したが、適宜既訳を参照している。著作のタイトルについては原則として訳書のタイトルを使用したが、混乱を生じない範囲で一部改変したものがある。

本書でもちいられる略号とそれに対応する原著、日本語訳書は以下のとおり（原著の初版刊行年順）。

**JC** *Joseph Conrad and the Fiction of Autobiography*. Columbia University Press, 2008 [1966].

**B** *Beginnings: Intention and Method*. Columbia University Press, 1985 [1975].（『始まりの現象―意図と方法』山形和美／小林昌夫訳、法政大学出版局、一九九二年。）

**O** *Orientalism: Western Conceptions of the Orient*. Penguin, 1985 [1978].（『オリエンタリズム上・下』今沢紀子訳、平凡社（平凡社ライブラリー）、一九九三年。）

**QP** *The Question of Palestine*. Vintage, 1992 [1979].（『パレスチナ問題』杉田英明訳、みすず書房、二〇〇四年。）

**WTC** *The World, The Text, and the Critic*. Harvard University Press, 1983.（『世界・テキスト・批評家』山形和美訳、法政大学出版局、一九九五年。）

**ALS** *After the Last Sky: Palestinian Lives*. Columbia University Press, 1999 [1986].（『パレスチナとは何か』島弘之訳、岩波書店、二〇〇五年。）

**CI** *Culture and Imperialism*. Chatto and Windus, 1993.（『文化と帝国主義１・２』大橋洋一訳、みすず書房、一九九八年、二〇〇一年。）

**RI** *Representations of the Intellectual: The 1993 Reith Lectures*. Vintage Books, 1994.（『知識人とは何か』大橋洋一訳、平凡社、一九九八年。）

**PD** *The Politics of Dispossession: The Struggle for Palestinian Self-Determination 1969-1994*. Vintage Books, 1995[1994].

**PID** *Peace and Its Discontents: Essays on Palestine in the Middle East Peace Process*. Vintage Books, 1996[1995].

**OP** *Out of Place: A Memoir*. Alfred A. Knopf, 1999.（『遠い場所の記憶―自伝』中野真紀子訳、みすず書房、二〇〇一年。）

**RE** *Reflections on Exile and Other Essays*. Harvard University Press, 2000.（『故国喪失についての省察１・２』大橋洋一／近藤弘幸／和田唯／三原芳秋訳、みすず書房、二〇〇六年、二〇〇九年。）

**FN** *Freud and the Non-European*. Verso, 2003.（『フロイトと非-ヨーロッパ人』長原豊訳、平凡社、二〇〇三年。）

**HDC** *Humanism and Democratic Criticism*. Columbia University Press, 2004.（『人文学と批評の使命―デモクラシーのために』村山敏勝／三宅敦子訳、岩波書店、二〇〇六年。）

**LS** *On Late Style: Music and Literature Against the Grain*. Vintage, 2007 [2006].（『晩年のスタイル』大橋洋一訳、岩波書店、二〇〇七年。）

**ML** *Music at the Limits: Three Decades of Essays and Articles on Music*. Bloomsbury, 2009 [2007].（『サイード音楽評論１・２』二木麻里訳、みすず書房、二〇一二年。）

装幀　成原亜美（成原デザイン事務所）
装画　qp

# エドワード・サイード

## ある批評家の残響

# 序章

# 批評家を批評する

## テクストは世界のなかにある

本書は当初、エドワード・サイードの没後二〇年という節目の年にあたって、「批評家」としてのサイードの仕事を再検討することを目的に構想された。二〇二三年中に刊行するには夏までに原稿を完成する必要があったが、筆者の怠慢により、ぐずぐずと先延ばしにしていた。二〇二三年九月はオスロ合意三〇周年でもあった。しかし、日本ではパレスチナにもサイードにもそれほど大きな関心は集まらなかった[*1]——一〇月七日が来るまでは。

ハマースによる奇襲攻撃に応じて、イスラエルはただちにガザへの総攻撃を開始した。アメリカのバイデン政権も、即座にイスラエル支持を表明した。一一月上旬までにイスラエル軍の攻撃によって一万人を超えるガザの住民が亡くなり、イスラエルによって電気の供給を止められたために、ガザの病院の多くが閉院を余儀なくされたと報道されている。ソーシャル・メディアは、傷ついた子どもたちや廃墟と化した街の画像で溢れかえっている。この文章を書いている最中には、イスラエル軍がガザ最大の病院に突入したというニュースが流れてきた。これほどの人道危機に直面しても、アメリカ、ヨーロッパ諸国、日本の政府はイスラエルにたいして強い対応に出てはいない。他方、各国では何千人、何万人もの市民たちが路上に出て、停戦とパレスチナ解放を訴えている[*2]。

　そして、エドワード・サイードの名前もまた囁かれはじめた。いざとなればすぐに呼び覚ますことのできる亡霊のように。死後二〇年経っても、彼の精神はけっして安眠させるわけにはいかない、とでもいうかのように。

　サイードは二〇〇三年九月二五日に亡くなっているから、彼が知っていたパレスチナ問題は第二次インティファーダとイスラエルによるその弾圧までだ。もっとも積極的に現実政治にかかわっていたのは一九七〇年代から一九八〇年代にかけてであり、その後はイスラエルとの和平交渉の過程でパレスチナ解放機構（ＰＬＯ）のヤーセル・アラファート議長（当時）と決別した。[*3] また、一九九一年には白血病の診断を受けたために、一九七七年より議員を務めていたＰＮＣ（パレスチナ民族評議会）を辞任している。サイードの自伝的パレスチナ論としてよく読まれている『パレスチナとは何か《アフター・ザ・ラスト・スカイ》』（一九八六年）が執筆されたのは第一次インティファーダ（一九八七年）がはじまる以前のことで、この時点ではハマースもまだ設立されていない。『パレスチナとは何か』でサイードは当時のパレスチナの経済状況を植民地支配とグローバル資本主義の問題として説明しているが、第一次インティファーダを契機にイスラエルのパレスチナ政策は大きく転換している。[*4] 二〇〇〇年代以降、たびたび繰り返されてきたイスラエルによるガザ攻撃に直接かかわる知識を得るためには、サイード以後のパレスチナについて学ぶ必要がある。

　とはいえ、いまサイードを読むことはけっしてむだなことではない。『オリエンタリズム』（一九七八年）でサイードは、「顕在的オリエンタリズム」と「潜在的オリエンタリズム」を区別してみせた（O 201-225／下 一一—六三）。特定の国家政策などに顕在するオリエンタリズムは時代とともに変遷するが、時代を超えて蓄積されてきたテクストや学識によってかたちづくられた潜在的オリエンタリズムは、より長期間持続する。パレスチナ問題にかんしても同じように、刻刻と変化していく現実があるとともに、長い時間をかけてつくられ、蓄積されてきた歴史がある。『パレスチナ問題』（一九七九年）でサイードが指摘したシオニズムの根本原理——パレスチナの土地の収奪とパレスチナ人の追放——は、一九世紀末から二〇二三年現在にいたるまで、大きくかたちを変えてはいないだろう。没後二〇年経ってサイードを読むということは、このような潜在的かつ長期間持続するものにも関心を寄せることだ。サイード自身、変わりゆく現実に積極的に関与しつつも、テクストの批評家として、人文学者として、より持続的なもの——あるいは持続する時間のなかでゆっくりと変容していくものの可能性——を捕捉しようともしていた。

最初の計画どおり、本書はサイードの批評家としての仕事を考察することを目的としている。もちろんサイードの批評活動のなかにはパレスチナにかんする現実の問題を直接対象にした著作も含まれるが、本書で扱う「批評」の大部分は、彼自身が『世界、テクスト、批評家』（一九八三年）で前提としているように、なんらかのかたちでテクストを読むことにかかわる著作である。ここでいうテクストは、基本的には文字で書かれたものを指している（『パレスチナとは何か』でサイードが読むのは写真だが、同書がイメージをもとにテクストを生成するプロジェクトであるという意味では、テクストと密接に関係している）。現在のパレスチナの状況下でテクストにこだわり続けることに、忸怩たる思いがないわけではない。それは、サイードが「世俗批評」（一九八三年）の冒頭で描いた、ベトナム戦争中に北爆の指令を出すかたわらでロレンス・ダレルの『アレクサンドリア四重奏』を読んでいた、国防長官の姿をも彷彿とさせるからだ（WTC 2-3／三―四）。

しかし、サイード自身が、多くの人が想像する以上にテクストにこだわり続けていたのもまた事実なのである。『オリエンタリズム』が従来の植民地主義批判と比べたときに画期的だったのは、直接的な軍事行動や政治的支配と切り離すことのできない「テクスチュアルな姿勢」（O 83／上 一九六）に焦点を当てたことだった。

サイードによれば、ナポレオンのエジプト侵略はたんなる軍事力による地理的占領だけを目指していたわけではない。ナポレオンはオリエンタリスト学者たちによるテクストを参照し、その知の集大成を最大限に活用することによって、オリエントを未知なる他者ではなく既知の対象として、知的に支配しようとしたのだという。

六〇年代末にはすでにフランス現代思想に触れていたサイードは、テクストが現実世界をそのまま指示対象としているとは考えていなかったが、テクストが世界から切り離され自律した小宇宙を形成しているという考えには強く異を唱えていた。「世俗批評」は『世界、テクスト、批評家』の序文として書かれた論考だが、そのなかでサイードは、世界とテクストの関係を次のように定義している。

> テクストは世界のなかにあり、ある程度まではできごとなのであって、テクスト自身がそうであることを否認したとしても、それは社会や人間の生の一部である。そしてもちろん、テクストは歴史の時間の一部でもあって、歴史のなかに位置づけられ、そのなかで解釈されるのである。（WTC 4／六）

本書におけるテクストにたいする考えかたも、この定義に倣っている。テクストはそれ自体、社会や歴史の一部だ。テクストの解釈や批評も社会や歴史のなかで行なわれる。その意味において、批評もまた社会や歴史の一部であり、世界のなかにある。本書が中心的に論じるのはサイードがもっとも理論的にも先鋭だった一九七〇年代後半から八〇年代の著作であるため、現実世界から遊離した議論を展開しているように思われる箇所もあるかもしれない。しかし、本書の主眼はつねに、抽象度の高い理論的洞察がどのような現実のなかで生まれ、どのように現実世界にはたらきかけていたのか、あきらかにしていくことにある。

本書の執筆期間が予定より長引き、現在のガザ危機のさなかで原稿をまとめることになったために、あらためて気づかされたこともある。たとえばサイードがレイモンド・ウィリアムズから学んだとされる、理論の限界と陥穽——いかに画期的な理論であっても、それを生んだ現実から切り離して無批判に反復することは罠になりうる——が、当時のサイードにとってはパレスチナという現実に根ざした問いだったということ。ルカーチのいう物象化とプロレタリアートの革命的意識は、まさにパレスチナ解放という目標に向かって再解釈されていたのだということ。

## エドワード・サイードを語る

サイードとはどのような人物だったのか。まずは、その経歴をざっと概観してみよう。

エドワード・ワディ・サイードは一九三五年、イギリス委任統治領パレスチナのエルサレムに生まれた。一族はパレスチナの古いキリスト教（正教）徒だったが、イギリス統治期に英国国教会《アングリカン・チャーチ》に改宗していた。回想録『遠い場所《アウト・オヴ・プレイス》の記憶』（一九九九年）によれば、「エドワード」という名前は当時のイギリス皇太子の名前にちなんだとのことだ（OP 3／一）。父親が第一次世界大戦で従軍した功績によりアメリカ合衆国の国籍を与えられたため、一家は母親を除きみなアメリカ国籍をもっていた。エドワードは英語とアラビア語のバイリンガルとして育ち、エルサレムとカイロで教育を受けた。一九四八年のナクバ（「大災厄」の意、イスラエル建国を指す）

当時、一家はカイロに在住していたが、エルサレムに持っていた家はイスラエルに接収されている。その後、エドワードは渡米して寄宿学校に入学し、一九五三年にプリンストン大学に入学、卒業後はハーヴァード大学博士課程に進学し、ジョゼフ・コンラッドの研究で博士論文を執筆した。以後、コンラッドはサイードの生涯にわたって――彼がもっともラディカルな政治的批評にかかわっているときでさえ――批評的想像力を刺激し続ける作家となった。コロンビア大学に着任したのは一九六三年で、以後は亡くなるまで同大学に在籍し、比較文学を教えていた。

回想録のなかでサイードは、幼少期から二〇代にいたるまでの自身の生活を、裕福かつ厳格な父親の庇護下にあった「巨大な繭によく似た世界」（OP 12／一一）と呼んでおり、自身をとりかこむ現実への関心が希薄だったと告白している。博士論文をベースにした一冊目の著書『ジョゼフ・コンラッドと自伝という虚構』（一九六六年）および二冊目の『はじまり』（一九七五年）とは、ともに一見したところ、伝統的な意味での文学研究ないし批評の枠組みに収まっている。しかし、『はじまり』執筆中に第三次中東戦争（一九六七年）が勃発し、そのころからサイードはパレスチナ解放運動に積極的にかかわりはじめていた。主著と目されることの多い『オリエンタリズム』（一九七八年）が刊行される前年には、ＰＮＣの議員に選出されている。本書でしばしばとりあげる『世界、テクスト、批評家』収録の主要な論考が書かれたのもこの時期である。一九七〇年代末から一九八〇年代にかけては、パレスチナ問題を直接扱った著書、『パレスチナ問題』と『パレスチナとは何か』も刊行されている。

一九九〇年代のサイードは現実政治の第一線からは退いたものの、闘病中も政治的な言論活動を続け、英語だけでなくアラビア語でも執筆をしている（オスロ合意後にアラビア語で書かれた著作の英語版は『平和とその不満』〔一九九五年〕として刊行されている）。最晩年にあたる二〇〇三年には、ノーム・チョムスキーやスーザン・ソンタグらとともにイラク戦争に堂々と反対していた。一九九〇年代以降に刊行された著書としては、『オリエンタリズム』に並ぶ大著『文化と帝国主義』（一九九三年）のほか、ＢＢＣのリース・レクチャー・シリーズでの講演をもとにした『知識人とは何か』（一九九四年）、死後に刊行された『人文学と批評の使命』（二〇〇四年）などがよく知られている。一方、サイードには「音楽家」というまったく別の顔があることも忘れてはならない。すぐれたピアノ奏者として知られ、クラシック音楽にかんする批評も数多く発表している。さらに、二〇二一年に刊行されたティモシー・ブレナンによる長大なサイード評伝によって公になったことだが、サイードは生涯に二度、小説を書こうと試みていたらしい。[*5]

　このようにサイードの活動は多岐にわたっていたが、一九九〇年代の終わりごろまでの英語圏での文学・文化研究におけるサイード受容の主流は、かなり限定的なものだったといわねばならない。文学研究者が「エドワード・サイード」を語るもっともありふれた方法は、『オリエンタリズム』をパラフレーズしたり要約したりして一つの理論体系にまとめあげ、それをテクスト分析に応用するというものだった。「批評理論としてのサイード」を普及させた立役者であるロバート・ヤングは、サイードをホミ・バーバ、ガヤトリ・スピヴァクと並べて「植民地言説分析の聖なる三位一体」[*6]と呼んだ。「植民地言説分析」は九〇年代半ばまでには「ポストコロニアル理論」「ポストコロニアル批評」「ポストコロニアリズム」などといった名称で定着し、批評理論の一ジャンルとして学問制度にとりこまれることになる。「エドワード・サイード」は、ポストコロニアル批評の先駆者として、入門書や概説書には欠かせない固有名詞となった。同時に、サイードの書いたものにしばしばみられる論理矛盾や曖昧さは、のちのより精緻な理論や方法論によって克服されたとみなされた。

しかし、サイードを語るにはつねにもう一つ、別の方法もあった。サイードを体系化された（あるいは体系化に失敗した）理論として受容するのではなく、その多彩な活動全体のなかから立ち現われる一個の人格として、その特異《シンギュラー》な知識人像を語るという方法だ。たとえばアブドゥル・ジャンモハメドの「世界なき世界性、故郷としての故郷喪失——鏡面型境界知識人の定義に向けて」（一九九二年）はその先駆的な試みの一つであり、のちのサイード像をかたちづくるのにおおいに影響力のあった論考だった。[*7] ビル・アシュクロフトとパル・アルワリアによる『エドワード・サイード』（一九九九年）ではすでに、パレスチナ関連の著作活動も含めて、サイードの全体像を素描することが試みられている。[*8] こうした試みはサイードの没後、彼の遺産を直接継承していると自負する研究者らによって、より精緻な肖像画を描くプロジェクトとして継続されている。[*9] さきに言及したブレナンによる長大な評伝はこのような傾向のサイード論の集大成だといえるが、ブレナンはコロンビア大学でのサイードの元指導生でもある。評伝の冒頭でブレナンは、「エドワード・サイード」を知る者としての自信に満ちあふれた口調で、「本をつうじてのみサイードを知る者は、彼のすべてを見てはいなかった」と語っている。[*10]

やはりサイードの指導を受け、コロンビア大の同僚でもあったゴウリ・ヴィシュワナータンは、サイードにおける論理矛盾そのものをむしろ肯定的に評価し、彼がつねに体系化された思想や方法論に抵抗を示していたと指摘するとともに、その唯一の方法論はあらゆる方法を拒絶することだったと述べている。[*11] 確かにサイードには、著作から思想や理論体系を抽出するよりはむしろ、その矛盾に満ちた人間性を知るほうが重要だと思わせる、特別な理由があるようだ。サイードの政治的な活動は主として言論によるものだったが、[*12] 多くの人びとは彼を行動する人だったと記憶している。その記憶のもとになっているのは、イスラエルがガザを攻撃するたびにインターネット上で共有される、あの有名な一枚の写真だ。二〇〇〇年に撮影されたその写真のなかで、エドワード・サイードは永遠に、イスラエルに向かって石を投げるポーズをとり続けている。[*13]

## 批評とは何か

本書の目的はもとよりサイードをふたたび批評理論史の一コマに還元することではないが、かといって筆者は、彼の人間としての全体像を描きたいわけではない。本書の企てはもっとずっとささやかなものだ。

本書の構想の中心にあるのは、サイードにとって批評とはどのような営為だったのか、という問いである。さまざまな方面で活動していても、サイードはあくまで自身を批評家と認識していた。『はじまり』から『パレスチナとは何か』にいたるまでの著作においては、サイード自身が「批評とは何か」という問いを真剣に考察してくれている。本書がこの時期のサイードの著作を集中的に論じているのはそのためだ。『はじまり』は表向きは政治性の薄い難解な文学理論の書のようであり、刊行当時は脱構築批評と混同されていたが、六〇年代末の過渡期にあったサイードの思考の軌跡をたどるためには重要な著作である。

本書において『はじまり』とともに重視されるのは、『世界、テクスト、批評家』に収録されている「旅する理論」という論考だ。この論考のなかでサイードは、批評意識（批判的意識）は「理論が旅をする」プロセスに欠かすことができないと主張している（ここでの「理論《セオリー》」は狭義の文学理論に限定されるものではなく、おそらく「体系」や「思想」のほうが意味的には近い）。理論は特定の歴史的文脈のなかで誕生する。理論が地理的、時間的に移動したならば、どうしても変容を余儀なくされるだろう。現実政治に根ざしたアクチュアルな理論が学問制度にとりこまれて形骸化することもあれば、別の文脈のもとで解釈や誤読が加わることによって、むしろ再生することもある。既成の理論が別の場所で生まれ変わるためには、理論を検証し、その限界をみきわめるための批評意識が必要なのだとサイードはいう。

七〇年代、八〇年代のサイードのもう一つの特徴は、しばしば同時代のアメリカの学問共同体とその制度に批判の矛先を向けていたことだ。『世界、テクスト、批評家』にはとくにそうした傾向の強い論考が収録されているが、実のところ『オリエンタリズム』もアカデミア批判の書としての側面が非常に強い。ハミッド・ダバシは『ポスト・オリエンタリズム』（二〇〇九年）で、サイードの批評の最大の問題はあくまで「西洋」を対話者に設定してきた点だと指摘し、対話者そのものをとりかえること、すなわち支配者あるいは加害者としての「西洋人」を説得するためではなく、反帝国主義のグローバルな連帯を実現するために書くことこそが必要なのだと主張した。[*14] ダバシの批判は的を得たものではあるが、サイードのオリエンタリズム批判は意図的に西洋側に向けられたものであり、オリエンタリズムを支える西洋の学問制度に異議を申し立てるためのものだったと考えられる。

　重要なのは、サイードにとってアカデミアの問題は、けっして象牙の塔のなかの些末な論争なのではなく、パレスチナ人であることの現実そのものだったという事実だ。『オリエンタリズム』の執筆背景には、一九七〇年代のアメリカの大学で研究・教育活動を行っていたサイードの経験がある。学問研究が国家政策に支えられシオニズムに加担しているさまを、彼は日常的に目にしていた。当時のアメリカではリベラルな大学教員でさえ、イスラエルを正面から批判するのは困難だった。

『オリエンタリズム』でサイードがもっとも力を入れて分析しているのは、一九世紀のフランスとイギリスにおける近代的オリエンタリズムの形成過程であり、とくにフランスの東洋文献学者たちが教育実践や研究室のなかで偏見に満ちたオリエンタリズムを形成していった過程については――歴史上の人物を相手にしているにもかかわらず――怒りをこめた表現で批判をしている（O 123-148／上 二八八―三四一）。一九世紀文献学についての批判は、同書最終章で展開される、アメリカ合衆国におけるオリエンタリズム批判につながっている。そこではサイードは、冷戦と中東危機の時期におけるアメリカ国内の中東地域研究にたいして舌鋒鋭い批判を浴びせている（O 248-328／下 一九六―二九一）。サイードによれば、アメリカの中東研究は一見すると文献学の伝統を退けて科学的な手法を洗練させているようでありながら、よりいっそう露骨に国家権力にすり寄りつつ、しかも根本の部分ではオリエンタリスト文献学が形成してきたオリエントにたいする偏見をそのまま継承しているという。

しばしば指摘されてきたように、『オリエンタリズム』の問題点の一つは、サイードのいうオリエンタリズムの権力があまりに一枚岩かつ絶大であるために、権力にたいする抵抗が構想できなくなっている点にある。サイードはオリエンタリズムを定義する際に、ミシェル・フーコーの「言説」（特定のことがらにかかわる知識や諸制度の総体）にアントニオ・グラムシの「ヘゲモニー」（市民社会の合意と政治による強制の双方に基づいて確立される覇権的な権力）の概念を組み合わせた（O 3, 5-7／上 二一―二二、二六―三〇）。しかしそのことによって、オリエントについて語る者はけっしてオリエンタリズムの言説から逃れ出ることはできないばかりか、覇権的なオリエンタリズムの権力に逆らうこともできなくなってしまったのだ。もっとも、実際には『オリエンタリズム』においても、サイードは個々の書き手のなかにオリエンタリズムを逸脱する傾向があることを認めている。たとえば一九世紀フランスの文豪、ギュスターヴ・フローベールをめぐるサイードの批評は、きわめて両義的である。確かにフローベールによるオリエント表象は、オリエントが性的かつ女性的な存在であるという紋切り型を反復し、強化した。しかしサイードは、フローベールはオリエントの全体性をけっして把握できないことを自覚していたとも指摘する。フローベールが抱えていた認識論的困難は、作家が個人の情熱と文学的な文体によって世界を構築するか、非人間化された学問的手続きにしたがって世界を反復し続けるかという選択として説明されている（O 189-190／上 四三二―四三四）。『オリエンタリズム』の翌年に刊行された『パレスチナ問題』では、サイードはすでに積極的に、シオニズム言説によって沈黙させられたパレスチナ人の声をとりもどし、政治的主体として立ち上げようと試みている。

「世俗批評」や「旅する理論」といった論考のなかで、サイードは『オリエンタリズム』の問題点を克服するために、彼の批評を育んできたアメリカの伝統的なリベラリズムとも、いわゆるフレンチ・セオリーとも異なる、まったく別の思想の系譜に自身を接続しようとした。ウェールズの労働者階級出身の社会主義思想家、レイモンド・ウィリアムズだ。ウィリアムズを経由することによって、サイードは個人と社会・共同体の関係を記述するオルタナティヴな方法を手に入れるとともに、社会の内側から抵抗や変革が生まれる可能性を再発見したのだった。さらに、『世界、テクスト、批評家』に続く著作『パレスチナとは何か』でサイードは、ウィリアムズをとおして再解釈したマルクス主義の理論をふたたび自身が生きる現実世界へとみごとに着地させたのである。

　このようにサイードは、みずから理論の旅を実践し、異なる時代や場所で生まれたさまざまな理論や思想を鋭利な批評意識をつうじて批判的に読みなおし、自身の住まう現実のなかに蘇らせた。サイードが批評を実践することによってみずから他者の理論に旅をさせてきた軌跡をたどることも、彼にとっての批評の意味を探る重要な手がかりとなる。本書の本論にあたる三つの章では、序章でこれまでに説明してきた観点においてサイードに多大な影響を与えたと考えられる三人の書き手、ジョゼフ・コンラッド（第一章）、ミシェル・フーコー（第二章）、レイモンド・ウィリアムズ（第三章）をサイードが読解し、再解釈し、変容させていった過程を考察している。これらの書き手にはそれぞれ文学、現代思想、社会思想という、サイードが関与した三つの領域を代表させている。

　もちろん、これらの書き手はサイードが受容した作家、思想家のごく一部でしかない。サイードが頻繁に論じた書き手のリストには、ジョナサン・スウィフト、ジャンバティスタ・ヴィーコ、Ｗ・Ｂ・イェイツ、エーリヒ・アウエルバッハ、アントニオ・グラムシ、テオドール・アドルノらが含まれる。重要性という観点からみれば、『文化と帝国主義』でとりあげられたＣ・Ｌ・Ｒ・ジェイムズもリストに加えてもよいかもしれない。一方、レイモンド・ウィリアムズの影響についてはそれほど論じられることはなく、大きくとりあげるのはバランスが悪いと感じる読者もいるだろう。しかし繰り返しになるが、本書はサイードの全体像をとらえようとはしていない。あくまでサイード自身の批評的著作をつうじて「批評とは何か」という問いを探究するのが筆者の目的であり、その目的のためには、サイードとウィリアムズの関係を精査する必要があると考えている。

　批評とは何かと問うのは結局、それが二一世紀を生きる人文学者にとって切実な問いだからである。日本語の「批評」は大学で行われる学問研究の対立概念であるかのように使用されることもあるが、サイードが考える批評は――彼自身アカデミアを批判し、アマチュアであることを理想に掲げていたとしても――けっして学問や研究と対立したり、それらを排除したりするものではない。むしろ批評は、学問研究がいまこそ必要としているものなのだ。終章で論じるように、最晩年にあたる二〇〇〇年代に書かれた論考を収録した『人文学と批評の使命』のなかで、サイードは批評をめぐる問いを人文学の問題として再考することをあらためてわたしたちに促している。同書が二〇二〇年代を生きるわたしたちにとってアクチュアルだと感じられる理由は、もう一つある。原題をそのまま訳すと「人文主義と民主主義的批評」となる。イスラエルによるパレスチナ弾圧、英米の対イラク戦争という、強大な軍事力を装備した国家による暴力が猛威を振るうさなかに、サイードは批評がいかにすれば民主主義的でありうるか、真剣に思考していたのである。

## 批評家の残響を聴く

肖像画を描くのはあきらめるとしても、サイードの著作について語るとき、人間としてのサイードになんらかのかたちでかかわりたいという願望を棄て去ることは難しい。さきにも述べたとおり、彼にはその人間性に触れ、人間そのものを批評したいと渇望させる何かがあるからだ。

批評家を批評する。批評を批評するのではなく批評家を批評するのだと、あえて強調してみたい。たんにテクストを読んでいるだけでは、けっして批評にはならない。批評はテクストを成立させているあらゆるものを貪ろうとする。そして結局のところ、どんなにナイーヴだと思われようと、たいていの批評家は「作者」という人間を批評したいと考えている。

一人の批評家として、サイード自身にも人間を批評したいという願望があったのだと思う。『オリエンタリズム』でサイードは、フーコーとの重要な分岐点として、彼自身はあくまでテクストには「個々の書き手を決定する刻印が押されている」と考えると述べている（O 23／上 六三）。その言葉どおり、サイードはつねにテクストの彼岸に一人の人間を捕まえようとしていたように思える。そうでなければなぜ、バーナード・ルイスのような同時代人の中東史研究者に怒りをぶつけるばかりか、一九世紀の文献学者であるエルネスト・ルナンにたいしてまで、個人の責任を問い詰めたりするだろうか。テクスト、エクリチュール、言説といったポスト構造主義用語はすべて、生身の人間からは切り離されて論じられるべき概念を表わしている。だがサイードにとっては、オリエンタリズムは言説である以上に個々のオリエンタリストたちの発した言葉であり、エクリチュールは生きた人間の声の響きをまとい続けていた。

サイードは絵画にはたいして興味を示さなかったから、「人間を批評する」というときに肖像画の比喩を使うのは適切ではないだろう。むしろ、彼の好んだ音楽の比喩のほうがふさわしいのではないか。実際、回想録『遠い場所の記憶』のなかでサイードは、自分自身を「流れつづける一まとまりの潮流」と呼び、さらにその潮流を音楽の「旋律」に喩えている。

> これらの潮流は人生におけるさまざまな旋律のように、覚醒しているあいだは流れつづけ、最善の状態にあっても、和解や調和を求めたりはしない。それらは「調子外れ」でありおそらくリズムもずれているけれども、少なくともつねに動き続けている——時間に合わせ、場所に合わせ、あらゆる類いの意外な組み合

> わせが移動していくというかたちをとりながら、必ずしも前進するわけではなく、ときには相互に反発しながら、対位法的に、しかし中心となる旋律は不在のままに。(OP 295/三四一)

引用の最後のほうに現われる「対位法」は、サイードが音楽から批評へと転用した用語の一つである。音楽用語としては作曲手法(典型的には、バロック音楽のフーガ形式のように複数の独立した旋律が同時並行的に演奏され、それぞれの瞬間ごとに和声が形成されるような作曲手法)のことだが、サイードの批評用語としてはもっぱらテクスト読解の方法論として理解されている。つまり、文学テクストを一見してそれとは無関係なようにみえる同時代の事象と対置させることによって、テクストが帝国主義のシステムのなかで占めているポジションをあきらかにしていくという手法のことだ。しかし、サイード自身は対位法という語を実にさまざまな文脈でもちいており、この引用にみられるように、もともとの音楽的な意味に基づく比喩として使用することも多い――もちろん、ここでは古典的な対位法ではなく、調性を欠き、主旋律も存在しない前衛音楽に近いものだとされているのだが。

人生がつねに流れゆく複数の旋律からできていて、そこには主旋律も存在しないとなると、その人生の全体像を静的な肖像画に描くのは難しい。その人を著作をつうじてしか知りえないわたしたちには、何ができるだろうか。本書のささやかな二つの企図は、以下のように比喩的に記述することができる。一つ目は、その人の生のなかで対位法的に絡まりあっていた旋律の、どれか一つを丹念にたどることだ。それはごく目立たない旋律かもしれないが、むだな努力ではない。どの一つの旋律が欠けても音楽は完成しないのだから。二つ目としては、ときおり立ち止まって、耳を澄ませること。そして、重なりあう旋律がその一瞬に生み出していたにちがいない、不協和音の残響を聴きとろうと努めるのである。

＊1　サイード没後二〇周年の学術的企画としては、『思想』二〇二三年一二月号でサイード特集が組まれている。同特集にはサイードのアラブ現代思想における位置づけをめぐる貴重な論考（岡崎弘樹）のほか、サイードとフーコーの関係をアーカイヴ資料をもとに精査した論考（三原芳秋）、『パ

レスチナとは何か』にかんする詳細な分析（申知瑛）など、本書の内容にかかわる論文が含まれているが、本書の脱稿直前に刊行されたため、執筆中に参照することはできなかった。

＊2　本章の最終稿は一一月中旬に執筆された。一〇月七日のハマースによる攻撃で民間人が多数殺害されたことは戦争犯罪として非難されるべきだとしても、イスラエルによる「報復」の非人道性は規模の点で比較にならない。また、アメリカの知識人のなかではジュディス・バトラーが、一〇月の早い時期にすでに、ハマースによる暴力を「文脈化」すること、すなわちイスラエルのパレスチナ政策（七〇余年にわたる植民地支配、アパルトヘイト政策、パレスチナ人への日常的な暴力、二〇〇八年以降のたび重なるガザ空爆など）のなかで解釈しなおすことを訴えている。Judith Butler, "The Compass of Mourning," *London Review of Books* 45:20 (19 October 2023) <https://www.lrb.co.uk/the-paper/v45/n20/judith-butler/the-compass-of-mourning>. ジュディス・バトラー「哀悼のコンパス――暴力を批判する」清水知子訳、『世界』九七六号（二〇二三年一二月）三五―四三頁。

＊3　サイードはオスロ合意にいたる交渉の過程で、アラファートと決裂している。『平和とその不満』（一九九五年）に含まれる論考で、サイードは繰り返し、オスロ合意が全面的にイスラエルを利するものであったこと、イスラエルが第三次中東戦争以降占領し続けたガザとヨルダン川西岸地区は合意によって形式上はパレスチナの自治権が認められたが、実質的には占領状態を継続していたことを指摘している。

＊4　早尾貴紀は、サラ・ロイの『ガザ回廊――反開発の政治経済学』(Sara Roy, *The Gaza Strip: The Political Economy of De-Development* [Institute for Palestine Studies, 1995, 2001, 2016]) を紹介しつつ、第一次インティファーダを契機に、イスラエルのパレスチナ政策が低開発（植民地主義的な労働力の搾取）からロイの定義する「反開発」（パレスチナ人排除を目的とする経済インフラそのものの破壊）

へと転換したと説明している。現在のガザ地区にはそうした政策の極端な形態が現われているとも指摘されている。早尾『パレスチナ／イスラエル論』（有志舎、二〇二〇年）二一四頁—二四六頁参照。サイード自身も『パレスチナ問題』の時点ですでに、シオニズムが単純な植民地開拓主義ではなく当初からパレスチナ人排除を目的に組みこんだ国家建設プロジェクトであったことは指摘している。

＊5 Timothy Brennan, *Places of Mind: A Life of Edward Said* (Bloomsbury, 2021) pp. 86-92, pp. 279-282.

＊6 Robert J. C. Young, *Colonial Desire: Hybridity in Theory, Culture and Race* (Routledge, 1995) p. 163. のちにヤングは、サイードをポストコロニアル批評の先駆者と位置づけたのがヤング自身であり、サイード自身はむしろ「ポストコロニアル」というカテゴリーに括られることに嫌悪感を示していたと述懐している。Young, "Edward Said: Opponent of Postcolonial Theory," Tobias Döring and Mark Stein eds, *Edward Said's Translocations: Essays in Secular Criticism* (Routledge, 2012) pp. 23-43.

＊7 ジャンモハメドの定義する「鏡面型境界知識人」とは、複数の文化のあいだにあってどれか一つの文化に全面的に加担したり、複数の文化を融合させて新しい文化を創造したりするのではなく、あくまで文化のはざまにとどまりそれぞれの文化を相互に照らしあいつつ緻密に分析するようなタイプの知識人のことである。鏡面型境界知識人は文化総合型知識人（たとえばサルマン・ラシュディなど）と対比されて論じられている。Abdul R. JanMohamed, "Worldliness-Without-World, Homelessness-as-Home: Toward a Definition of the Specular Border Intellectual," Michael Sprinker ed., *Edward Said: A Critical Reader* (Blackwell, 1992) pp. 96-120.

＊8 Bill Ashcroft and Pal Ahluwalia, *Edward Said: The Paradox or Identity* (Routledge, 1999). ビル・アシュクロフト／パル・アルワリア『エドワード・サイード』大橋洋一訳（青土社、二〇〇五年）。

＊9　サイード没後に刊行された追悼論集には（論集の性格上当然かもしれないが）サイードの人物像を語るエッセイが多く含まれている。以下を参照。Homi Bhabha and W. J. T. Mitchell eds, *Edward Said: Continuing the Conversation* (University of Chicago, 2005); Tobias Döring and Mark Stein eds., *Edward Said's Translocations: Essays in Secular Criticism* (Routledge, 2012). ホミ・バーバ／W・J・T・ミッチェル『エドワード・サイード――対話は続く』上村忠男／八木久美子／粟屋利江訳（みすず書房、二〇〇九年）。

＊10　Brennan, *Places of Mind*, p. xv.

＊11　Gauri Viswanathan, "Legacies: Intention and Method," *University of Toronto Quarterly* 83:1 (2014) pp. 3-11. ゴウリ・ヴィシュワナータン「サイードの遺産《レガシー》――意図と方法」『異議申し立てとしての宗教』三原芳秋編訳、田辺明生／常田夕美子／新部亨子訳（みすず書房、二〇一八年）二九―五〇頁。

＊12　ブレナンによれば、政治活動に積極的に関与していた一九七〇年代においても、サイードは主としてパレスチナにかんする文書の作成や整理、アーカイヴ化などといった学術的な活動にかかわっていた。また、彼自身、解放運動にはそうした知識人が必要であると考えていたという。Brennan, *Places of Mind*, pp.156-157.

＊13　現在、インターネット上で検索すると多数のサイトに同じ画像が転載されている。二〇〇〇年当時の『コロンビア・スペクテーター』紙によれば、写真が撮影されたのはレバノンとイスラエルの国境であり、サイード自身は、投石はあくまで象徴的なジェスチャーだったと説明している。Sunnie Kim, "Edward Said Accused of Stoning in South Lebanon," *Columbia Spectator* (July 19, 2000). <https://spectatorarchive.library.columbia.edu/?a=d&d=cs20000719-01.2.4&e=-------en-20--1--txt-txIN------->.

＊14　Hamid Dabashi, *Post-Orientalism: Knowledge and Power in Time of Terror* (Routledge, 2009). ハミッド・ダ

バシ『ポスト・オリエンタリズム――テロの時代における知と権力』早尾貴紀／本橋哲也／洪貴義／本山謙二訳（作品社、二〇一八年）。二〇一七年に行われたインタヴューでダバシは、『オリエンタリズム』の執筆当時の意義を最大限評価しつつ、同書には現代の状況にそぐわない面があり、サイードの思想をフェティッシュ化すべきではないと述べている。Hamid Dabashi, *On Edward Said: Remembrance of Things Past* (Haymarket Books, 2020) pp. 175-181.「対話者」の問いにかんしては、アラビア語による論考の英語版を収録した『平和とその不満』の序文でサイードは、同書が「最初から最後までアラブ人読者を念頭において書かれた私のはじめての本である」と述べている（PID xxiii)。

# 第一章 ある批評家の残響

## 声を装うテクスト

エドワード・サイードはすぐれた話し手だったといわれる。レバノン出身のフランス語作家、ドミニク・エデによる回顧録によれば、彼の講演はほとんど芸術の域に達していた。アイロニーや逆説、反復といったレトリックを駆使しつつ、知性とともに人間的な魅力によって聴衆を惹きつけたという。[*1] 筆者自身も九〇年代前半にイギリスに留学していたときに一度だけ、彼の声を広いレクチャー・シアターの後ろのほうの席で聴いたことがある。晩年期のベートーヴェンについての講演だった。湾岸戦争の記憶もまだ生々しい時期で、『オリエンタリズム』の著者としてのサイードを期待していたから、当時は肩透かしをくらった気がした。いまになって思えば、白血病と診断され、以後長い闘病生活を送ることになるサイードが「晩年期」を自分自身の問いとして思考しはじめた時期に、ちょうど居合わせたということなのだろう。

二〇〇三年の秋にサイードが亡くなって以来、講演者としてのサイードのパフォーマンスをライヴで聴くことは不可能になった。もちろん、いまではインターネット上で、いつでも誰でも生前の彼の声を再生できる。しかしそれでも、録音された音声がアウラを剝ぎとられた複製物であることには変わりはない。丹念に紡がれた書き言葉のほうが、よりリアルな声を宿しているように思えることもある。声に主体の現前をみる、いわゆる「音声中心主義」との誹りはいずれにせよ免れないだろうが、むしろ書かれた言葉のほうが、そこに著者の声を聴きたいというナイーヴな願望を呼びおこすのではないだろうか。生命を賭してまでも権力に抗って真実を語る知識人の声が、テクストのどこかから残響のように聞こえてくる、そんな気がする。

　声を装うテクスト、幻の声を聴かせるエクリチュール——サイードが生涯にわたって批評し続けた作家、ジョゼフ・コンラッドのテクストを想起させる逆説だ。コンラッドが二〇世紀への転換期に発表した代表作『闇の奥』は、物語の大部分が一人称の語り手マーロウの声によって再演されているという想定のテクストであり、サイード自身、「コンラッドのエクリチュールは、それがエクリチュールであることをあからさまに否認しようと努めている」と評している（WTC 107／一八〇）。コンラッドは書き言葉をもちいながら、それが書き言葉であることを否定して音声そのものを表現しようとした。しかし皮肉なことに、フロイトのいう否認の心的機能をつうじて、抑圧されたはずのエクリチュールはますます肯定されて、わたしたちのもとへと回帰してくるのだと、サイードは論じている。

『闇の奥』にはこんなエピソードがある。アフリカと思しき大陸のある国（小説中には具体的な地名は書かれていない）に到着したマーロウは、貿易会社の駐在所でクルツという名の人物の噂を聞く。クルツは上流の駐在所にいて、すぐれて有能かつ高邁な精神のもち主との評判だ。だが彼は病に冒されており、マーロウに救出されるのを待っている。マーロウの旅路はさまざまな妨害に遭い、クルツにたどりつくのは容易ではない。物資輸送船の船長として大河を上流へと遡る途中、クルツがもう死んでしまって会えないのではないかと焦るマーロウは、奇妙なことに気づく。彼は、クルツが何かを「している」ところを想像したことは一度もなく、つねに「話している」ところを想像していた。マーロウの想像力のなかで、クルツは「声」として現前した。クルツの身体性は、視覚や触覚よりも聴覚によって具現化されるべきものだった。

> 「僕はもうけっしてあの男には会えないだろう」とか「けっして握手できないだろう」とは思わないで、「けっして彼の声を聴くことはないだろう」と思ったんだ。あの男は声として現われた。〔……〕重要な点はこうだ。あの男は才能豊かな人物だったが、そのすべての才能のなかでもっとも目立っていてほんものの存在感をもっていたのは、語る能力、彼の言葉だった——すばらしい表現力なんだ。

心をかき乱しつつ光明を投げかけてくれるような、もっとも高尚であるとともにもっとも下劣でもあるような、脈打つ光の流れ、あるいは、見通すこともできない闇の奥から来たる、欺瞞に満ちた言葉の奔流。[*2]

サイードにとってコンラッドは、特別な意味をもつ作家だった。二〇〇三年二月、亡くなる数ヵ月前に行われたピーター・マリオスとの対談のなかで、サイードは、このポーランド系英国人作家について書くことが自分の仕事の定旋律《カントゥス・フィルムス》だったと述懐している。[*3] マーロウがクルツの声を聴きたがっていたのと同じように、もしかするとサイード自身も、コンラッドの声の幻聴にとり憑かれていたのかもしれない。作者の身体を音声として知覚しようという願望は、音楽家でもあったサイードにふさわしいように思う。彼がアカデミック・キャリアの出発点で、自身の博士論文の研究対象としてコンラッドの書簡や自伝的な短編小説を選んだのでさえ、コンラッドの声を聴きたいとひそかに願っていたからなのではないか。つくりこまれた作品よりは書簡や自伝的な文章のほうにこそ、作者の声がより生々しく残っているのではないかという素朴な期待は、誰もがこっそり隠しもっている。
そしていま、サイードの声を聴きたいと思うわたしたちもまた、マーロウの願望を反復している。皮肉なことだが、『闇の奥』からの引用を文脈から完全に切り離してしまえば（つまり、クルツが帝国主義の背後に潜むジェノサイドへの欲望の体現者であるという歴史的に確立された解釈を度外視してしまえば）、声として現われた「あの男」とは、サイードにとってのコンラッドでもあれば、わたしたちにとってのサイードでもある。

**批評の限界？**

序章でも述べたとおり、サイードの仕事をひとまとまりの思想や理論として、体系的に説明するのは難しい。そもそもサイード自身、思想家でも理論家でも哲学者でもなくもっぱら批評家を自称しており、自分の著作活動を一つの体系化された思想にまとめあげようとはしていなかった。サイードの言動はいささか矛盾しているようにも思える。コロンビア大学比較文学教授という肩書きをもっているにもかかわらず、学問のエリート主義批判の急先鋒でもあり、みずからアマチュアであることを標榜していたからだ。「批評家」が大学等の研究機関に所属しない（いわゆる「在野」の）知識人を指すことの多い日本とは違い、アメリカではしばしば大学人が批評界を牽引しているという背景の違いは考慮すべきではある。だがそれ以上に重要なのは、サイードにとっての批評は大学での学問制度と現実世界をつなぐ営為として大きな意味をもっていたことだろう。

　サイードの批評は文学や音楽にかんするものだけではなく、歴史や社会、現実政治もその射程に入っていた。しかし、批評とはいずれにせよ、何かしら批評する対象を必要とする行為であり、対象なしに独自に存立することはない。サイードは実際、現実世界に対象を失った抽象的な理論からはつねに距離をおいていた。「旅する理論」のなかでは、いかなる理論であっても現実の状況を完全に記述することはできず、具体的な経験が理論とは対立する可能性のあることを、批評家はつねに認識しておく必要があると主張している。理論が時代と地域を超えて受容されるためには、理論と具体的経験とのあいだの距離と葛藤とを認識する批評意識が不可欠だという（WTC 242／三九三）。

一方、サイード自身の思惑とは別に、『オリエンタリズム』がさきがけとなったポストコロニアル批評は、八〇年代後半から九〇年代にかけて学問ディシプリンとして確立していった。そして他の多くのいわゆる「批評理論」と同様に近年では、少なくとも文学研究の手法としては、もはや時代にそぐわなくなったと囁かれているようだ。なかでもリタ・フェルスキの議論には、かなりの説得力があるように思える。『文学の効用』（二〇〇八年）以来、フェルスキはテクストの批判的解釈のオルタナティヴとして、文学テクストを読むという営為につきまとう情動的反応の再評価を促してきた。[*4]『クリティークの限界』（二〇一五年）でフェルスキが「クリティーク」と呼ぶアカデミックな批評の方法論には、作者の意図に逆らって読むイデオロギー批評、イデオロギー批評と精神分析の融合から生まれたいわゆる「徴候的読解」、両者とは一見すると対立するかに思われるフーコーの系譜学的アプローチ、さらにはそのフーコーから逸脱して流布してきた狭量な歴史文脈主義などがすべて含まれる。これらの方法論は、テクストの深層ないしその表層に著者自身が意図も意識もしていない真実なりイデオロギーなりを暴きたてるという、懐疑的でネガティヴなムードを共有しているのだという。テクストの細部をついて帝国主義との共犯関係をあぶりだすようなタイプのポストコロニアル批評ももちろん、このようなクリティークの系譜に属しているとされる。[*5] ただし、フェルスキが同書のなかでサイードに言及するのはたった一度だけだ。そこではフェルスキは、ポストコロニアル批評がテクストを歴史のゴミ箱に投げ棄ててしまうと憤る保守派の文学愛好家の批判をよそに、サイードが『文化と帝国主義』で示したジェイン・オースティン解釈がむしろオースティンの小説を特定の批評コミュニティのなかで復活させた事例として（おそらくある程度は肯定的に）評価している。[*6] また別の個所では、新歴史主義やポストコロニアル批評による近代的時間性の再検討が、ポストクリティークによる脱歴史文脈化につうじている点も認めている。[*7]

フェルスキの主張には、筆者にとっても同意できるところが少なくない。紋切り型のイデオロギー批評にうんざりさせられることは、確かにある（しかし、うんざりしつつ同じ批判を繰り返さなくてはならない場面は多い）。「歴史はボックスではない」という指摘にはおおいに首肯する。[*8] テクストを一〇年単位ごとのコンテクスト（ボックス）に押しこむような歴史文脈主義的読解に限界があるのはあきらかだ。クリティーク（批判）がクリティシズム（批評）の唯一の方法ではないという主張も、なるほどそうだろうとは思う。クリティークに代わる新しい手法として、ブリュノ・ラトゥールのアクター・ネットワーク理論の応用可能性が示され、読書とはテクストそのものが非・人間アクターとして、他のアクターたちと協働しながら何かをつくりあげていくプロセスであると主張されるくだりには、人文学の再生に向けて希望を感じることもできる。

しかし、フェルスキのいう「ポストクリティーク」は、けっしてクリティークの全否定ではないと考えられる。彼女自身、大学での文学理論の授業では、まず学期の前半では一般的な批評理論（構造主義、精神分析、マルクス主義、脱構築、フェミニズム、ポストコロニアル研究など）の概説を行い、ポストクリティークを実践するのは学期の後半になってからだと述べている。フェルスキの授業方針が暗に示唆しているのは、ポストクリティークはあくまでクリティーク以後に来るべきものであって、クリティークを前提としているということだ。もう一つ、フェルスキの議論がはからずも暴露しているのは、クリティークの限界を乗り越えるのは実はそれほど容易ではないという事実である。彼女自身が何度も注意喚起しているように、批判なき批評はよっぽど注意しないかぎり、すぐに保守的な美学批評に回帰してしまうだろう。そもそも、『クリティークの限界』のなかでもっとも刺激的で読者の興味を惹いているのは、フェルスキがラトゥールを参照して新しい読書の方法論を提示している部分ではなく、クリティークをこれでもかと言わんばかりに徹底的に批判している部分なのではないか。マルクス、フロイト、ニーチェ、そしてフーコーといった批評理論の権威たちが次々になぎ倒されていくさまを見て、理論にうんざりしている読者は溜飲を下げている。つまり同書の魅力の大きな部分は「クリティークのクリティーク」なのであり、フェルスキ自身も、それを喜ぶわたしたちも、クリティークの呪縛から逃れられてはいない。

　サイードの話に戻ろう。サイード自身、フェルスキのいうクリティークの系譜に属しており、マルクス主義やフーコーの影響を強く受けているのは確かだ。しかし、サイードの批評が一般的にポストコロニアル批評の典型例として理解されているものとはおおいに異なっていることは、指摘しておかなければならない。たとえばコンラッドは、ポストコロニアル批評では評価の分かれる作家である。『闇の奥』は出版当初から、帝国主義批判を眼目とする書だと解釈されてきた。それは一八九〇年にベルギー王レオポルド二世の統治下のコンゴを訪れたコンラッドが自身の体験をベースにつくりだした物語であり、植民地支配の実態が「文明化」の美名とはほど遠い搾取と略奪と暴力であることを告発していると考えられた。ところが、一九七〇年代にチヌア・アチェベが『闇の奥』のアフリカ人表象を批判し、コンラッドを「とんでもないレイシスト」と呼んで一大論争を巻きおこした。[*9] サイードはもちろん、コンラッドをめぐるこうした論争は熟知していた。『パレスチナ問題』（一九七九年）のなかでサイードはすでに、コンラッドの『闇の奥』がヨーロッパの植民地主義のきわめて的確な批判であると評価しつつも、彼の同時代のシオニストと同様、（すぐれた）白人と（劣った）有色人種を明確に区別するという一九世紀の人種主義思想を参照していた点を指摘している（QP 76-77／一一〇―一一二）。

だが、サイードのコンラッド論は、その後もアチェベのアフリカ表象批判とは一線を画していた。晩年の著作の一つ、『フロイトと非-ヨーロッパ人』（二〇〇三年）の冒頭部分で、サイードはフロイトの同時代人であるコンラッドを例に挙げ、自身のテクスト批評の特徴を説明するためにアチェベとの違いに言及している。サイードによれば、自分自身のアプローチはコンラッドのような作家のテクストにおける人種差別や帝国主義をただたんに非難し「読むべきではない」とゴミ箱に棄てるのではなく、テクストを読むこと、テクストを可能なかぎり正確に歴史的コンテクストのなかに置くとともに「対位法的」に読むことによって、当の作家たちが思いもよらなかったような逸脱的、歴史超越的な批評を実践することだという[*10]（FN 23-25／三二―三四）。

批評家を批評するとき、クリティークの無限連鎖に陥らないようにするのは困難だが、まずはいつもの猜疑心を少しだけ抑えて、次のように問いかけてみたい。生涯をつうじてコンラッドを批評し続けることによって、サイードは何をしようとしたのだろうか。書かれた言葉の彼岸に作者の声を聴こうとするとき、批評家は何をしているのだろうか。

## コンラッドを聴く

サイードは博士論文をもとにして、一九六六年に『ジョゼフ・コンラッドと自伝という虚構』という最初の単著を刊行した。彼の著作のなかではもっとも目立たない本の一つだろうが、当時はまだ、ケンブリッジ大学出版局による九巻本の書簡集も編纂されていなかった時期だ。北米の学界は、文学作品の自律性を謳うニュークリティシズムの全盛期でもあった。そんな時期に作家の書簡に価値を見いだし、丹念に読み解こうとしたサイードの真摯な研究者としての側面をうかがい知ることのできる、貴重な本だともいえる。この本のなかで彼は、コンラッドが友人の社会主義者、R・B・カニンガム・グレアムに宛てた手紙のなかの、いまでは有名になったある一節を発見している。

どんな特別な潤滑油を注したところで、編み機に刺繍を刺させることはできない。しかも何よりげんなりさせられるのは、忌々しいそいつは自分で勝手に編んでいくということだ。思考もなく、良心もなく、洞察力もなく、目もなく、心もなく、ひたすら編んでいく。〔……〕そいつは僕らを編みこみ、編み棄てる。時間、空間、苦痛、死、腐敗、絶望、そしてあらゆる幻想を編んでいく――そいつにとっては、すべてがどうだっていい。（JC 34）

この手紙が書かれたのは一八九七年の年末、四〇歳になったコンラッドは、船乗りとしてのキャリアを棄て、小説家として第二の人生を歩みはじめたばかりだった。彼はすでに芸術家としての個性を確立しつつあったが、同時に、巨大な自動機械に編みこまれてしまうという恐怖に苛まれていたようである。そのあまりに悲観的なヴィジョンは、理想家で行動の人でもあったグレアムには理解しがたいものだっただろう。

サイードはこのヴィジョンをコンラッド個人の問題から彼の人間観そのものへと拡張し、『闇の奥』のラスト・シーンに結びつけて論じる。イギリスのテムズ河口に停泊中のクルーズ船上で、マーロウは物語を語り終える。彼の語りが終わったことが引用符で示され、話を聞いていた仲間の一人が一人称で出現する。この一人称の語り手は――おそらく他の仲間たちとともに――マーロウの語りのもつメランコリックなムードに包まれながら、闇の奥へといざなう水の流れに思いをはせる。「私は顔を上げた。沖合は黒い雲の土手で遮られ、地の最果てへと続く穏やかな水路が、どんよりした空の下で陰鬱に流れていた――とほうもない闇の奥へと、続いていくかのようだった」[*11]。マーロウの物語は、その語る声が止んでもなお残響を轟かせ、メトロポリスの人間たちを丸ごと呑みこんで闇の奥へと道づれにする、巨大な編み機に変貌するのだ。

　サイードの批評の主要な方法論は、一般的な意味での表象分析ではなかった。だが、とくに『オリエンタリズム』は、おそらく「オリエンタリズム」がもともと美術史用語だったこともあって、西洋によるオリエントの（誤）表象を批判する書として「誤読」されるとともに、その後の植民地表象分析の方法論に援用された。創造的な「誤読」は批評に新しさを呼びこむためには必要不可欠であるし、もちろん『オリエンタリズム』、『イスラム報道《カヴァーリング・イスラーム》』（一九八一年）、『パレスチナとは何か』といった著作ではサイード自身、表象の問題を重視している。しかし比較文学者としての彼は、文学テクストの絵画的な表象作用よりはむしろ、構成、リズム、パターンといった音楽的な要素のほうにより強い関心をもっていた。コンラッドに魅せられたのも、その緻密につくりこまれた文体や語りの構造によるところが大きい。さきに触れたマリオスとの対談のなかでサイードは、コンラッドのほかにもう一人、彼が生涯かかわり続けた芸術家として、バッハの名前を挙げている。バッハは「ひどくつまらない主題をめぐってフーガを構成する」ことがあったが[*12]、サイードによれば、彼のフーガを聴くおもしろさは主題そのものではなく、曲のなかで重なりあういくつもの旋律のあいだの関係を理解することにある。そして、コンラッドも芸術の内容よりも形式や手法にこだわる職人気質の作家という点で、バッハに似ているという。

　この意味で、サイードはむしろフォルマリストだったのだが、むろん、芸術の形式における技法を純粋に美的な観点からのみ評価していたのではない。六〇年代末に発表された「コンラッドとニーチェ」という論考でサイードは、コンラッドのテクストの言語や形式をめぐる実験性――サイードの言葉を借りれば「コンラッドによる言語の超絶技巧（RE 77／1 一〇〇）――が、ニーチェの言語哲学の具現化であると指摘している。確かにコンラッドのテクストは、つねに言語が過剰でありながら、同時に言語がいかに貧しいものであるかを暴露しているかのようにみえる。『闇の奥』のマーロウは雄弁で、話す才能があるのはクルツではなく彼のほうだといえるほどだが、実のところ彼は、言葉では語りえないものがあるということを過剰なまでの雄弁さで語り続けている。彼の物語は、きわめて象徴的な終わり方をする。奥地の駐在所にたどりついたマーロウが発見したのは、象牙への欲望にとり憑かれ、自制心を失ったクルツの姿だった。クルツの家の周りには、生首を刺した杭が並んでいたという。救出されたクルツは船上で亡くなり、その臨終の言葉――「怖ろしい！　怖ろしい！」[*13]――を聞いたマーロウ自身、しばらくは病に臥せる。帰国したマーロウは、クルツの婚約者に会いに行く。婚約者はクルツの最期の言葉が何だったか知りたがるが、マーロウはそれを伝えることができず、最期の言葉は

「あなたのお名前」だったと嘘をつく。[14] 闇の奥から響いてくるあの言葉、この小説のなかでもっとも真理に近い言葉を、雄弁なマーロウは発話することができない。

サイードによれば、ニーチェとともにコンラッドは、言語、そして人間そのものの存在の原理として「対立」と「反復」を再発見した。コンラッドの小説にはさまざまな次元で対立する二つの極が共存しており、一方の極から他方の極への運動がみられる。たとえば、蛮習廃止国際協会の依頼でクルツが書いた報告書は理想に満ちあふれていたが、野蛮な走り書きが脚注のように付け加えられていた――「獣《けだもの》は皆殺しにせよ!」[15]。マーロウたちの住む近代都市ロンドンは、その対極にある、クルツのいる「アフリカ」へと水路をつうじてつながっている。そして、二つの場所の情景が同じ闇の地として描かれることによって、対立は無気味な反復へと変容する。一九七五年に初版が刊行された『はじまり』では、コンラッドの小説を駆動するこの反復運動は近代小説の成立条件として定式化されている。

「あの河を遡るのは、世界の最初期(the earliest beginnings of the world)へと戻るのに似ていた」[16]――サイードが『はじまり』を構想するきっかけになったのは、『闇の奥』のなかのこの一文だったという。[17] おそらくサイードは、コンラッドのいう「世界の最初期」が単一の起源ではなく複数形の「はじまり（beginnings）」であることに気づいていたのだろう。クルツのいる上流へと大河をのぼる旅は、人間の歴史をその起源へと単線的に遡行する航程ではない。確かにマーロウは、アフリカがヨーロッパ文明にとっての過去であり先史時代であるなどと、繰り返し主張する。アフリカの大河ではイクチオサウルスが水飛沫をあげているとまで、彼は想像している[18]（もちろんこれは、ヨーロッパ中心主義的な偏見を戯画化する比喩ではあるのだが）。だが、コンラッドの小説のなかでは、歴史は音楽の演奏のように、差異を含みつつ何度でも反復されうる。それぞれの演奏は独自の意図をもって開始され、まったく同じ演奏は存在しないとしても。マーロウの旅は、彼よりも前に同じ旅程をたどった先駆者たちの「はじまり」を探究することであるとともに、そのパフォーマンスの連なりに彼自身も参加するということを意味している。おそらくサイードもまた、「はじまり」の系譜をたどりなおそうとすることによって、同じ探究の旅に飛びこんでいったのだろう。

## 近代の不協和音

批評理論の衰退とともに、歴史文脈主義は長らく文学研究やアカデミックな批評においては主流派の方法論として君臨している。しかし、さきにも述べたとおり、フェルスキの「歴史はボックスではない」という主張には筆者自身もある程度同意する。テクストはけっして、それが書かれた細分化された時代区分のなかにのみ存在するのではない。あるテクストがわたしたちにとって重要なのは、それが地域や時代を超えてわたしたちのもとに移動してきたからだ。テクストの可動性や歴史超越性を記述できる理論モデルは、確かにいま、必要とされている。

ポストコロニアル批評を歴史文脈主義の一種とみなして批判する論客もある。[*19] しかし、サイードにたいして歴史文脈主義者のレッテルを貼るとすれば、それはあきらかな誤解だ。本書の第二章、第三章で詳述するように、サイードの「旅する理論」という論考はまさにテクストを脱歴史文脈化するための理論構築のさきがけでもある。本章冒頭でも触れたとおり、一九九〇年代のサイードは「晩年期」というテーマを模索していた（その思索の過程は『晩年のスタイル』として死後刊行されている）が、一九九五年に『世界』に掲載された大江健三郎との対談でサイードがこのテーマについて語っている内容からすると、彼があきらかに歴史文脈主義から距離をとろうとしていたのがわかる。サイードにとって、晩年や老いに着目することは、「芸術家でありながら、時代に帰属しないことは可能か」という問いを提起することだという。「無意識に私たちは時代精神につながっていると信じ込んでいる。自分は今の人だ、と思っていますが、後期のスタイルの問題は、今を超越して考えたらどうなるかを問いかけてくる。[*20]」

むろん、誰しも――芸術家にせよ批評家にせよ――完全に時代を超越するのが困難なことには、サイードはつねに自覚的だった（彼のコンラッド論やフロイト論は、この困難にこそ注目し、問題化している）。そして、サイードの批評の射程が自覚的に「近代」という特定の時代を中心に据えるものであり、美的な基準は近代以降の文学、とくにモダニズム文学であったのは確かである。『オリエンタリズム』の歴史的射程は一見すると広大であり、中世のオリエンタリストによるイスラーム表象から近代的オリエンタリズムを経て一九七〇年代にいたるまでの期間が視野におさめられている。しかしもっとも紙幅が割かれているのはやはり、一九世紀のフランスとイギリスにおける近代的オリエンタリズムと、その近代の延長線上にある二〇世紀のオリエンタリズムである。近代という時代区分にこだわりをみせるという意味では、サイードは、やはりある種の歴史主義者だといえるだろう。とはいえ、サイードのいう近代は、「ボックス」と呼ぶには輪郭が曖昧すぎる。『オリエンタリズム』ではナポレオンのエジプト遠征（一七九八―一八〇一年）が近代帝国主義の出発点だが、それに先行する『はじまり』ではヴィーコの『新しい学』（一七二五年）が近代思想の原点の一つとされている。

　コンラッド論に続くサイードの第二作目、一九七五年に刊行された『はじまり』は、彼の著作のなかでももっとも理論的かつ難解だとされ、狭義の文学研究よりは思想史的な文脈、たとえばヴィーコのヒューマニズムとミシェル・フーコーのポスト構造主義のあいだの葛藤の産物として受容されてきた。[*21]だが、この書の重要な部分は近代小説論でもある。むしろサイードの企図は、思想と文学のあいだの類似性を強調することだったのだろう。両者の違いは質的なものではなく、あくまで程度の差だと主張している箇所もある（B 94／一二七）。ティモシー・ブレナンの評伝によれば、サイード自身、生涯で二度小説を書こうと試みたことがあるというから、彼にとって思想と文学のあいだに厳密な断絶はなかったというのは事実のようだ。おそらく両者を架橋していたのが批評という営為だったのだろう。ちなみに小説執筆の二度の試みのうち、一度目は大学所属の研究者になる以前の一九六〇年代前半、二度目は一九八七年から九二年にかけてイスラエルとの和平交渉における失望と白血病の治療とが重なっていた時期だという。[*22] いずれもサイードの人生が転換点を迎えていた時期にあたり、テクストの書き手として、あらたなスタイルを模索していたのだろうと推測できる。

『はじまり』でもサイードは、近代小説を静止した絵画のような表象空間としてよりはむしろ、音楽のような時間の経過をともなう運動としてとらえていた。サイードは「はじまり」を「起源」と区別し、前者を能動的、後者を受動的な概念とみなしている（B 6／六）。小説のプロットは「権威」と「妨害」という対概念のあいだの相互作用であると、サイードは定義する。作者《オーサー》、すなわち小説を開始する主体の権威《オーソリティ》は、プロットの進行の過程で妨害され、偽りの権威であることが暴かれる。たとえば『闇の奥』の語りの構造は、この「権威」と「妨害」のあいだの運動として説明されている。[*23] マーロウの語りはクルツという中心へと向かう運動であるが、その運動は言語そのものの不透明さによって妨害され続け、中心へと到達することはない。マーロウを妨害するのは支配人の陰謀や船の修理のための鋲の不足、アフリカ人からの攻撃ばかりなのではなく、彼自身の言葉でもあるというのだ（B 82-85／一一二―一一五）。このように小説を「はじまりの意図」として考察するための思想的基礎づけとしてサイードは、コンラッドとニーチェの共通の先駆者でもあるキルケゴールにも注目している。サイードによれば、キルケゴールのいう「宗教的なもの」と「美的なもの」、すなわち神と作者、真実とその芸術的表現のあいだの反復は、単純な模写ではなく弁証法的である。そして重要なのは、キルケゴールがこうした反復を否定的にはとらえず、むしろ「創造性の本質」と結びつけている点だという（B 85-89／一一五―一二〇）。すなわちそれは、作者という主体が反復のさなかに異なるものを生みだそうとする能動的な行為としての「はじまり」の肯定でもある。

反復、入れ子式の語り、脱中心化、言語の過剰と貧困。これらの用語や概念はすべて、いまでは「ポスト構造主義」のレッテルを貼られ、思想史の過ぎ去った一幕として片づけられてしまいがちだ。そしてもちろん、六〇年代から七〇年代のサイードが構造主義やポスト構造主義の影響を被らなかったはずはない。だがサイードは、そうした同時代の思想に特有の人間像には抵抗しようともしていた。『はじまり』のなかでサイードは、フーコーが「作者」という主体をたんなる言語機能、すなわち「語る代名詞」に還元してしまったと批判している（B 287／四二〇）。この文脈でサイードが、『闇の奥』のクルツをこの「語る代名詞」の体現者とみなし、コンラッドとフーコーの言語観の共通点を指摘しているのは興味深い。このことをサイードは、本章の冒頭で引用したのと同じ『闇の奥』の一節を引用することによって説明しようとしている。引用の後半部分をもう一度みてみよう。

> 重要な点はこうだ。あの男は才能豊かな人物だったが、そのすべての才能のなかでもっとも目立っていてほんものの存在感をもっていたのは、語る能力、彼の言葉だった――すばらしい表現力なんだ。心をかき乱しつつ光明を投げかけてくれるような、もっとも高尚であるとともにもっとも下劣でもあるような、脈打つ光の流れ、あるいは、見通すこともできない闇の奥から来たる、欺瞞に満ちた言葉の奔流。[*24]

クルツの声は、伝達すべき内容をもつ言葉というよりは、互いに対立し、拮抗する旋律――高尚なものと下劣なもの、光と欺瞞――が奇妙に調和しつつ流れていくような、音楽のようなものとしてマーロウに知覚されている。サイードによれば、この一節はコンラッドが構造主義以降の思想家と共有する悲観的な人間像、いわば言語という自動「編み機」に編みこまれた人間の姿を象徴している。一方サイード自身は、編み機を使って人間的な刺繍を刺すことを諦めなかった。いや、「刺繍」という比喩は美しすぎるだろう。サイードが目指していたのはむしろ、非人間的なほどに完璧につくりこまれたフーガに、前衛的な雑音をぶちこむことだったのだから。

「対談」は、生身の著者の声をもっとも巧妙に装うテクストだ。ピーター・マリオスとの二〇〇三年の対談が（対談者が筆者の知人だという事情もあって）サイードが残してくれた最期の言葉のように思えるのは、たぶんナイーヴな錯覚でしかない。しかし、この対談のなかで、サイードは確かにある重要な告白をしている。『はじまり』のような学問的著作とパレスチナ解放のための仕事とのあいだには、けっして和解できない葛藤が残っていると、サイードはマリオスに打ち明けているのだ。芸術と政治が和解なき二つの旋律であることの一例として、彼はノーム・チョムスキーの仕事を挙げている。言語学者としてのチョムスキーの業績と政治的アクティヴィズムとはまったく切り離された別の仕事であると、チョムスキー本人も主張しているという[*25]。だが、サイード自身はチョムスキーとは少し異なっていたように筆者には思える。サイードの文学批評や音楽批評は、けっして彼の政治的な姿勢と無縁ではなかった。『オリエンタリズム』以降のサイードの批評は、つねにみずからの芸術にかかわる仕事と政治にかかわる仕事とを、彼自身の用語を使えば「対位法的に」関係づけ、両者のあいだの不可能な和解に挑戦し続けていた。

八〇年代にサイードは、バッハの独創的な弾き手として知られた名ピアニスト、グレン・グールドについてのエッセイをいくつか書いている。そのうちの一つ、「音楽そのもの――グレン・グールドの対位法的な洞察力」のなかで、「対位法」という用語は次のように説明されている。

> 対位法の精髄は複数の声部の同時性にあり、また複数の素材を異常なまでに制御しつくすことであり、無限であるかにみえる創造性である。対位法において、一つの旋律はつねに、なにかしら別の声部によって追復される過程におかれる。〔……〕音符（あるいは旋律や主題）は別の声部によって引き継がれ、それがさらにほかの声部にも引き継がれていくのだが、つねに声部どうしはともに音楽をつくりつつ、拮抗しあってもいる。〔……〕バッハの対位法的な音楽は互いに対等な複数の声部によってきっちりと構成されるが、それらの声部は入り組んだ

かたちに織りあわされ、厳格な規則にしたがって生み出されていく。（ML 5／1六—七）

対位法の特徴は、複数の独立した旋律が「拮抗しあって」同時進行するだけでなく、それらが「異常なまでに制御」され「厳格な規則にしたがって」いる点にある。その異常さと厳格さによって、バッハの音楽は非人間的なほどの完成度に到達しているのだろう。しかし、サイードが対位法という語を使用するときには、彼の強調点はしばしば、芸術家の並みならぬ制御への執念にもかかわらず、制御不能なまま残される不調和性のほうにおかれる。レコーディングのテクノロジーによってみずからの作品を徹底的にコントロールし、市場を味方につけて成功したグールドのような芸術家であっても、彼の対位法の技術が現実社会を完全にとりこむことはできなかったと、サイードは指摘している（ML 10／1 一七）。序章で触れたように、一九九九年に刊行された回想録『遠い場所の記憶』で、サイードは自分自身の人生をも対位法の比喩で語っている。人生は「和解や調和を求めたりはしない」複数の旋律からなる、ひとまとまりの潮流である――「時間に合わせ、場所に合わせ、あらゆる類いの意外な組み合わせが移動していくというかたちをとりながら、必ずしも前進するわけではなく、ときには相互に反発しながら、対位法的に、しかし中心となる旋律は不在のままに」(OP 295／三四一)。

一九九三年刊行の『文化と帝国主義』は、サイードが対位法をテクスト読解の手法として応用した書として知られる。この本に収録されているコンラッド論は、彼がコンラッドの帝国主義を正面から分析した論考としても重要だ。コンラッドはけっして、単純な帝国主義者ではなかった。植民地支配が「よくよく見れば、きれいなものじゃない」[*26]ことを知っていただろう。しかし彼には、世界が西洋によって分割され、支配されていないような世界を想像することまではできなかった。彼が完全に理解していたのは、帝国主義が制御不能なまでに拡大していくプロセスだった。ここでサイードは、自身が六〇年代に発見していたコンラッド的「編み機」の問題系をあらためて、帝国の終わりなき欲動の問題へと接続したのだ。『闇の奥』のテクストが帝国の「外側」の可能性をかろうじて担保しえているのは、その語りの構造によってである。マーロウの語り自体は帝国主義の価値観にどっぷりつかっているとしても、コンラッドはそれを引用符に括って、あくまで暫定的な物語として提示した。そのことによって、作者自身も想像できない帝国主義の彼岸が存在することを示唆したのだ。完全にコントロールされた帝国の物語と、その外側の世界――「帝国主義には触れることのできないような現実、帝国主義のコントロールをすりぬけてしまうような現実の、潜在的可能性」（CI 32／1 七四）――この二つの旋律が不協和音を奏でるならば、コンラッドの小説はもっとも前衛的な対位法的作品になりうることを、サイードは見抜いたのだった。

### 友だちにはなれない

最初の問いに戻ろう。サイードにとって、批評とは何だったのか。コンラッドを聴くことによって、彼は何をしようとしていたのか。

サイードとコンラッドの生涯には、共通点も少なくない。どちらも生きた時代の政治に翻弄された故国喪失者であり、多言語を駆使し、複数の文化のあいだに暮らすコスモポリタンだった。サイードと彼が好んで批評した男性芸術家のあいだには、マーロウの描く海の男の世界に似て、ホモソーシャルな気配が漂っている。「女をなかに入れちゃいけない」とマーロウは主張する。「僕らは女がその美しい世界にとどまっていられるよう、助けてやらなきゃいけない。さもないと、僕らの世界がもっと悪くなるからな」[*27]。とはいえサイードは、コンラッドに完全に同一化していたわけではない。マリオスとの対談のなかでサイードは、コンラッドとはけっして友だちにはなれなかっただろう、保守的な懐疑主義者のコンラッドよりはカニンガム・グレアムのほうが自分に近いと、わざわざ強調している[*28]。コンラッドとグレアムが友人関係にあったとしても、批評家とその批評の対象となるテクストの作者とは、かならずしも友だちになる必要はないのだろう。

　わたしたちの多くは、もし生前にサイードに会う機会があったとしても、彼とはけっして友だちにはなれなかっただろう。いうまでもなく、知性、教養、正義感、行動力、いずれにおいても圧倒的にすぐれている人物にたいして、尊敬はしても「友だち」という水平な関係を築くのは難しい。だが、たとえ友だちになれていたとしても、わたしたち自身が「サイードになる」必要はない。いくら尊敬する友人だからといって、その人に同一化しなくてもよい。

いかなる批評家であっても「時代に帰属しない」でいるのは難しい。誰しもある程度は生きた時代と社会、そしてその時代と社会のなかでの自身のポジションによって限界づけられている。サイードだって例外ではない。たとえばフェミニズムの観点からみた場合、彼は十分に先進的であったとはいえない。もちろん、サイードが女性の存在を無視していたというのではない。『パレスチナとは何か』で彼は、パレスチナ人の手によるパレスチナの物語を再構築する試みには当時、女性が決定的に不在だったと述べている。彼自身の母親にまつわるエピソードは印象的だ。一九三二年、イギリス統治下のパレスチナにあって、彼女は結婚登記所で役人にパスポートを破られた。彼女の法的な存在を消すことによって、もう一人ユダヤ人を移住させることができるからだと説明されたという。サイードは次のように問う。「女性が従属的地位に甘んじたり犠牲を強いられたりするのは、主として、彼女がアラブ人のムスリム社会にいる女であるためなのか、それとも、パレスチナ人であるためなのか」（ALS 78／一〇二）。ここでのサイードは、女性の困難が家父長制と植民地化の絡まりあいにあることをみごとに看破している。しかし彼は、その絡まりあいを解きほぐして、アラブ社会の家父長制の問題に積極的に切りこむことはない。サイードの語りは、自身の母親についてのパーソナルな逸話から、ミシェル・クレイフィ監督のドキュメンタリー映画『豊穣な記憶』（一九八〇年）に登場する女性たちの物語へとシームレスに移行する。クレイフィが美的に表象する、イスラエル在住のパレスチナ人女性の日常におけるささやかな抵抗と妥協の物語をつうじて、サイードはむしろ自身のアウトサイダー性を強烈に意識することになる（ALS 78-84／一二八―一三七）。ややうがった見方をすれば、女性たちの経験は社会構造の具体的な問題を提起しているというよりは、彼自身が経験しえない「内側」の問題へと一般化されてしまっているともいえる。[*29]

『パレスチナとは何か』はそもそもサイードの単著ではなく、写真家ジャン・モアが撮影したパレスチナ人の写真と、写真からインスピレーションを得たサイードのテクストから成り立つ作品である。同書でサイードは、かならずしも写真に撮られたパレスチナ人たちの代弁者としてふるまっているわけではない。とくに「内側」と題された第二章では、当時PNCの議員だったためにイスラエルとその占領地に入国できなかったサイードには経験しえないパレスチナの現実の表象不可能性をめぐる問いが提起されている（サイードが表象について語るときはたいてい、その不可能性を問題としている）。女性たちについての一連のエピソードが語られるのは第二章の後半部分だが、この章の最後のエピソードは一枚の女性の写真にかかわるものだ（下図）。モアがアンマーンで撮影してきた、カメラに向かって微笑む老齢の女性の顔のクローズアップを見ても、サイードは当初、それが誰だかわからずにいた。妹に指摘されてはじめて、その女性がサイード家と親しくしていた「ファッラージュ

©1986 Jean Mohr

夫人」だったと気づいた。写真に写る人物が知人であるとわかったとき、サイードはあらためてその人物が現実に存在する人間であることを悟ると同時に、自身が手にしているのがあくまで表象にすぎないことも理解する。写真からは何かが失われているが、「表象は、わたしたちが手にするすべてなのである」（ALS 84／一三八）。

おそらく、サイードがコンラッドについて指摘したのと同じことが、いくぶんはサイード自身についてもいえるのだろう。サイードは構造的なジェンダー従属化があることを知っていたが、そうした構造を超えたところに、別の世界を構想することはなかった。彼はしばしば家父長制的なジェンダー従属化をオリエンタリズムや帝国主義の比喩として使ったが、家父長制のない未来を想像するのは、彼にとっても容易ではなかった。こと女性にかんするかぎりは、みずからが手にする表象を超えたところにあるものへと手を伸ばすことはあまりなかった。

テクストを批評しようと思ったら、書き手と友だちになる必要はない。書き手に共感することはあっても、同一化すべきではない。『闇の奥』のマーロウはクルツに魅せられていたし、クルツとともに、自分自身も帝国主義の巨大な機械に編みこまれそうになった。けれども彼は、クルツそのものにはならなかった。クルツはまったき孤独のうちに死んだが、マーロウは生き残り、耳元に響き続ける幻の声を再現しようとして、彼自身のだみ声でわめきたてたのだ。しかし、二一世紀になってこの小説を読むわたしたちが忘れてはならないのは、生き残ったのはマーロウだけではないということなのではないか。マーロウは嘘をついてまで、クルツの婚約者を「僕らの世界」から排除しようとしたが、彼女だって生き残った者の一人だ。マーロウに就職を世話した叔母も、面接室の前で黒い毛糸を編んでいた冷淡な眼つきの二人の女性も、そしてもちろん、蒸気船がクルツを連れ去るとき、両腕を天に突きあげて悲しんだアフリカの女性も、みな生き残っている。むしろ彼女たちは「僕らの世界」の外側にいるのだから、批評家としては恵まれたポジションにある。外側から効率よく批判するためではなく、ほどよく調和してしまった世界に、あらたな不協和音をもちこむために。

『闇の奥』は、「批評すること」のアレゴリーとして読むことができる。批評という行為のはじまりは、生き残ることにある。作者の生死にかかわらず、あらゆるテクストはすでに作者の現前性を失い、死んでいる。批評家は生き残って、究極の他者である、死せるテクストの声を聴きたいと願う。しかし、批評家自身が語りはじめるとき、それは他者の声の単純な、あるいは劣化した再演ではない。他者の想像力を限界づけている構造の調和を、みずから雑音をたててかき乱すことを怖れていては、批評は批評ではなくなるだろう。

＊1 Dominique Eddé, *Edward Said: His Thought as a Novel*, Trista Selous and Ros Schwartz trans. (Verso, 2019) p. 1. エデは長年サイードと恋愛関係にあったことが知られており、この回顧録のなかではサイードと自身の関係を『闇の奥』のクルツとその婚約者の関係になぞらえている箇所もある (p. 191)。ティモシー・ブレナンはエデの回顧録はサイードの評判を傷つけるものであり、事実誤認も多いと酷評している。Timothy Brennan, *Places of Mind: A Life of Edward Said* (Bloomsbury, 2021) pp. 352-353. ブレナン自身も評伝のなかでサイードとエデの関係に触れている (p. 198, p. 329)。

＊2 Joseph Conrad, *Heart of Darkness and Other Tales* (Oxford University Press, 2008) p. 152. ジョゼフ・コンラッド『闇の奥』高見浩訳（新潮社、二〇二二年）一二〇頁。『闇の奥』の近年の翻訳にはこのほかに黒原敏行訳（光文社、二〇〇九年）がある。引用にあたっては筆者自身が原著から訳出しているが、適宜これらの既訳を参照している。

*3　Carola M. Kaplan, Peter Lancelot Mallios, and Andreas White eds, *Conrad in the Twenty-First Century: Contemporary Approaches and Perspectives* (Routledge, 2005) p. 283, p. 289.

*4　Rita Felski, *Uses of Literature* (Blackwell, 2008).

*5　Rita Felski, *The Limits of Critique* (University of Chicago Press, 2015) p. 19. 他にこの系譜に属するとされる現代批評理論として、ここではクィア理論、新歴史主義、文化唯物論が挙がっている。なお、同書の序論は日本語に訳されている。リタ・フェルスキ「『クリティークの限界』序論」勝田悠紀訳、『エクリヲ』一二（二〇二〇年五月）一三四―一四八頁。

*6　Felski, *The Limits of Critique*, p. 115.

*7　Felski, *The Limits of Critique*, p. 155.

*8　Felski, *The Limits of Critique*, p. 154.

*9　Chinua Achebe, "An Image of Africa," The Massachusetts Review 18:4 (1977) pp. 782-794. アチェベは当時、『崩れゆく絆』（一九五八年）によってアフリカ大陸を代表する英語作家として知られていた。アチェベのコンラッド批判は一見すると過激だが、この論考が書かれた当時のアメリカの大学で彼自身が経験していた人種差別や偏見にたいする応答としても読むことができ、論考のもつ歴史的意義は理解できる。

*10　『フロイトと非-ヨーロッパ人』では、同じ方法がフロイトの読解にも適用されている。サイードによれば、フロイトは非ヨーロッパにたいしてヨーロッパ中心主義的な偏見をもっていたが（あるいは彼のものの見方がヨーロッパ中心主義的であったからこそ）、「モーセと一神教」でモーセをエジプト人であると明言し、ユダヤ人アイデンティティの正統性に亀裂を入れている。実際、フロイトはシオニズムにたいしてアンビヴァレントな態度をとり続けていたという。

＊11　Conrad, *Heart of Darkness*, pp. 186-187. コンラッド『闇の奥』二〇〇頁。

＊12　Kaplan et al., *Conrad in the Twenty-First Century*, p. 293.

＊13　Conrad, *Heart of Darkness*, p. 178. コンラッド『闇の奥』一七九頁。クルツの臨終の言葉は原著では "The horror! The horror!" だが、高見浩訳では中野好夫訳『闇の奥』（岩波書店、一九五八年）の訳「地獄だ！　地獄だ！」を採用している。

＊14　Conrad, *Heart of Darkness*, p. 186. コンラッド『闇の奥』一九九頁。

＊15　Conrad, *Heart of Darkness*, p. 118. コンラッド『闇の奥』一二五頁。

＊16　Conrad, *Heart of Darkness*, p. 136. コンラッド『闇の奥』八六頁。

＊17　Kaplan et al., *Conrad in the Twenty-First Century*, p. 296.

＊18　Conrad, *Heart of Darkness*, p. 132. コンラッド『闇の奥』七七頁。

＊19　ジョゼフ・ノースは歴史文脈主義を批評の衰退の一因として批判し、その一例としてサイードにも言及している。Joseph North, *Literary Criticism: A Concise Political History* (Harvard University Press, 2017) pp. 81-123. フェルスキもまた、新歴史主義が文脈主義への抵抗から生まれたことを認めつつ、文脈主義に回帰する傾向が強いと主張している。Felski, *The Limits of Critique*, pp. 156-157.

＊20　E・W・サイード、大江健三郎「生の終りを見つめるスタイル――文学、社会、時代」『世界』第六一一号（一九九五年八月）二八頁。ちなみに、この対談の後半では、サイードはオスロ合意の問題点を次のようにわかりやすく説明している。「イスラエルはきわめて賢いやり方でアラファトを誘い込み、こう言った。君たちが、我々がコントロールする小さなアイデンティティ――それにしても君たちのアイデンティティであることには変わりない――を受け入れるのなら、我々は君たちを承認するのにやぶさかではない、と。こういう話だったから、私は反対しました。ア

イデンティティやナショナリズムに張り付いた条件は、つねに国境によって小さなものに押し込められることを意味している。しかも、他者が牛耳る国境によって、となると、こちらはつねにより強い者にコントロールされることになります」（三七頁）。

＊21 Abdirahman A. Hussein, *Edward Said: Criticism and Society* (Verso, 2002) pp.128-146.

＊22 Brennan, *Places of Mind*, pp. 86-92, pp. 279-282.

＊23 『はじまり』ではコンラッドの『闇の奥』他の作品についても言及されており、とくに長編小説『ノストローモ』（一九〇四年）については『闇の奥』の延長線上にある作品として、詳細な分析がなされている。本章でさきに引用したグレアムへの書簡（「編み機」についての文章）もこの『ノストローモ』論のなかで再度引用されている（B 100-137／一三六—一八九）。

＊24 Conrad, *Heart of Darkness*, p. 152. コンラッド『闇の奥』一二〇頁。

＊25 Kaplan et al., *Conrad in the Twenty-First Century*, p. 298.

＊26 Conrad, *Heart of Darkness*, p. 107. コンラッド『闇の奥』一七頁。

＊27 Conrad, *Heart of Darkness*, p. 153. コンラッド『闇の奥』一二三頁。

＊28 Kaplan et al., *Conrad in the Twenty-First Century*, p. 290.

＊29 ただし、サイードは別の個所で、伯母のナビーバが一九四八年のナクバにあたってエジプトに流れこんできたパレスチナ難民の救援活動に奔走したさまを記述している。ナビーバは、同書のなかではほぼ唯一の女性アクティヴィストとして登場している（ALS 116-119／一九一—一九七）。

第二章

# 理論は旅をする

## フレンチ・セオリー?

フランス現代思想は北米の大学では長らく「比較文学」の一分野として受容され、「批評理論《クリティカル・セオリー》」という独自のジャンルに変貌した。一九七〇年代から二〇世紀末ごろまでを、英語圏の学界における批評理論の栄光時代と呼ぶこともできるだろう。ソーカル事件（一九九六年）の余波のもと、[*1]二〇〇三年に原著が刊行されたフランソワ・キュセの『フレンチ・セオリー』は、アメリカの学界におけるフランス現代思想の受容を揶揄と皮肉を交えつつ詳細に解説している。[*2]キュセによれば、フーコー、デリダ、ドゥルーズらの思想は大西洋を渡って異なる社会的文脈のもとに誤読され、「ポストモダン」の名でパッケージ化され学術商品のごとく流通してきた。こうしたアメリカに独特な学界制度によって、フレンチ・セオリーの受容者たちは「キャンパスのスター」に祭り上げられてきたという。ジュディス・バトラー、ガヤトリ・スピヴァクらとともに、エドワード・サイードもスターの殿堂入りを果たしているらしい。

皮肉なことに――キュセも英語版の序文では目立たないように言及しているが――思想の脱文脈化という彼の議論の枠組み自体は、すでにサイードが二〇年も前に「旅する理論」で先取りしていた。「故エドワード・サイードがかつて「旅する理論」と呼んだものはすべて、そうしたリスク〔社会批評を流行りの論争に還元してしまうリスク〕をはらんでいる。なぜなら、そのような理論はつねに、特定の文脈から切断され、新しい文脈へと再接合されるからである」[*3]。サイードの「旅する理論」はまさに、思想が学問制度に包摂されることによって形骸化し、現実世界にたいする批評意識を失っていくプロセスを、ジェルジュ・ルカーチの物象化理論の西欧および北米での受容を例として論じたものだった。最大の批判の矛先は当時のアメリカの学界で制度化され脱政治化された批評理論に向けられているが、論考の後半ではかなりの紙幅を割いてフーコー批判が展開されている。[*4]

キュセの指摘を待つまでもなく、大西洋を渡ったミシェル・フーコーの思想が新歴史主義、ポストコロニアル批評、クィア批評といった北米の批評言説の創始者であることは周知の事実だった。そしてサイードといえば、『オリエンタリズム』でフーコーの言説理論を応用してポストコロニアル批評を確立した批評家であるというのが定説だ。実際には、サイードがフーコーを熟読していたのは『オリエンタリズム』を書くより以前、一九六〇年代半ばから七〇年代前半にかけてであり、『狂気の歴史』、『言葉と物』、『知の考古学』あたりまでの著作にもっとも強い影響を受けている。この時期に執筆され一九七五年に初版が刊行された『はじまり』は、ヴィーコの影響を受けたサイードの人文主義を跡づけるテクストとして読まれているが、彼の著作のなかではおそらくもっともフーコーに接近した書でもあり、彼がアメリカの学界にいち早くフーコーを紹介した批評家の一人であったことがわかる。

一方、『オリエンタリズム』以後のサイードは、フーコーにたいして批判的な距離をとりはじめ、八〇年代半ば以降は積極的に言及することはなくなった。彼のフーコーへの関心は、『性の歴史』第一巻あたりで止まってしまったようだ。七〇年代末から八〇年代といえば、サイードはパレスチナ解放機構のスポークスパーソンとして現実政治に積極的に関与し、『パレスチナ問題』『イスラム報道』『パレスチナとは何か』といった著作を次々に発表していた時期である。それゆえ、サイードのフーコー批判のいくぶんかはパレスチナ問題をめぐる政治的な見解の相違に起因するのではないかとも推察できるが、当時のサイードのフーコー批判はあくまで理論的なレベルにとどまっている。[*5]

フレンチ・セオリーの代名詞たるフーコーを、サイードはどう読んだのか。サイードがフーコーを誤読しているという指摘はかなり早い時期からあった。『オリエンタリズム』出版の数年後にはホミ・バーバがサイードのいう植民地権力、植民地言説はフーコーの権力・言説概念を完全に誤解していると主張し、[*6]ロバート・ヤングは『白い神話』（一九九〇年）で、「旅する理論」以降フーコーから意図的に逸脱しようとしたサイードの主体や抵抗の概念が、その結果として抱えることになった矛盾を指摘した。[*7] しかし、いうまでもないことだが、サイード没後二〇年が経ったいま、筆者はサイードによるフーコー受容を誤読だといって批判したいわけではない。

本章の目的は、サイードがフーコーを受容し、再解釈し、批判した軌跡をサイード自身のいう「批評意識（批判的意識）」のすぐれた実践例として、あらためて考察することだ。彼は「批評意識」を次のように定義している。「いかなるシステムや理論であっても、それが生じた状況、あるいは移動させられてきた先の状況を完全に記述しつくすことはできないという事実を認識すること」、「理論への抵抗を認識すること、理論と相容れない具体的経験や解釈によって引き出される、理論への反抗を認識すること」（WTC 242／三九三）。サイードはまさにそのような鋭利な批評意識でもって、フーコーに抵抗しつつ、フーコーを変容させていったのである。

## 『はじまり』にフーコーもいた

一九八五年に追加された序文によれば、『はじまり』の主要部分が書かれたのは一九六七年から六八年で、七二年ごろまでに大部分は完成されていたとある。ベトナム戦争、第三次中東戦争を背景に、サイードがより積極的に現実政治に関与しはじめる時期と重なる。一方、同書にかんしては、とくに九〇年代以降のサイード評ではヴィーコの影響が注目され、サイードが終生にわたって人文主義と文献学への志向を維持してきたことの根拠とされてきた。[*8] ヴィーコ、アウエルバッハの系譜にあるサイードの人文主義を重視する傾向は近年の論評、たとえばバシール・アブー＝マネフ編著による『アフター・サイード』（二〇一九年）などにも引き継がれている。[*9]

とはいえ『はじまり』は、サイードの著作のなかでももっとも理論的かつ難解な書でもある。八五年版序文でサイード自身述べているように、初版時には当時のアメリカの学界で台頭しつつあった「不気味な批評」の一種だと考えられていた(B xi／vii)。前章で指摘したように、本の前半部分は小説論として読むこともでき、ヒリス・ミラーの『小説と反復』（一九八二年）、ピーター・ブルックスの『プロットを読む』（一九八四年）、D・A・ミラーの『小説と警察』（一九八八年）などに先駆けて、小説の形式と近代社会の関係を理論化する試みでもあった。[*10] しかし、本論の最後の章（第五章）ではフーコーを中心にフランスの（ポスト）構造主義を六〇頁以上にわたって詳細に論じており、勃興期の現代思想を積極的にとりこもうとする若き日のサイードの旺盛な知的好奇心をうかがい知ることができる。

『はじまり』をサイードの隠れた主著として重視するアブディラフマン・フセインは、ヴィーコとフーコーが同書の中心的な役割を果たしていると主張している。フセインの指摘によれば、ヴィーコとフーコーには二世紀もの時間的距離があるものの、神聖な起源にたいする世俗的抵抗、反ミメーシス、言語へのこだわり、経験主義、帰納的思考といった共通点もある。しかし、ヴィーコの人文主義が人間のエンパワメントや解放を志向するのにたいして、フーコーにとっては、人文学的知のネットワークによって発明される「人間」は、解放された主体であるどころか奇妙に自己分裂した存在となるという。『はじまり』でのサイードはヴィーコとフーコーのあいだで葛藤しているようにみえるが、この葛藤はその後のサイードの思考の展開にとっても重要である。このことをフセインは、次のように要約する。すなわち、サイードがフーコーに依拠しつつフーコーを乗り越えようとしたのは「イデオロギー批評が有効であるためには、知識人はフーコーのきわめて有効かつ大部分は否定的な批評を乗り越え、ユートピア的瞬間を仮定しなくてはならない」と考えたからであり、『はじまり』でヴィーコが必要とされたのは、そのような「ユートピア的空間」を確保するためだった。[*11]

　ヴィーコとともにフーコーがサイードに重要な影響を与えたという指摘には、筆者も同意できる。とはいえ、『はじまり』という本全体の内容をフーコーとヴィーコだけに帰すことはできない。サイードは、フーコーとヴィーコを同書の理論的枠組みとして最初からわかりやすく提示するようなことはしていない。この本の難解さはまさにその序論、文字どおりの「はじまり」の部分の解読しがたさにある。先行する思想家の直接の介助なしに「はじまり」という現象を捕捉しようと格闘するサイードは、神話的起源に抗して「はじめる」という人間的な行為をみずから実践している。

「はじまり」とは何か。序論でサイードは、さまざまな表現を使って定義を試みる。

それは「意味の意図的な生産の第一歩」である（B 5／四）。それは「起源」とは区別されるが、その違いは「はじまり」が能動的である（「はじまりAはBを導く」）のにたいして、起源は現在から遡及的に発見され、受動的である（「XはYの起源である」）点にある（B6／六）。「意図」とは「独自のやり方で知的に何かを行おうとする、はじまりにある欲求」であると定義され、「はじまり」はこうした意図をもつ主体としての「作者《オーサー》」やその派生語「権威《オーソリティ》」と結びついている。そうした古典的な文学批評の言葉遣いとともに、サイードは当時すでにポスト構造主義用語となりつつあった「反復」という語も使用している（ただし、サイード自身は「反復」という概念をヴィーコに由来する生殖メタファーで説明することもあれば、キルケゴールに依拠して議論することもある）。文学とは「独創性」でも「同一性」ではなく「反復のエキセントリックな秩序」であるとされる（B 12／一四）。次の引用は、サイードの企図を端的に表わした一節だ。

はじまりは、意図的に他のものである意味の生産を開始する――つまり（宗教

> 的なものに対立する意味での）世俗的なものである。それが「他のもの」であるのは、エクリチュールにおいては、この世俗的な意味の生産がほかの作品と並んである地位を主張するからである。それは別の作品であって、XやYから降りてきた系統にあるのではない。（B13／一六）

個々の書き手はそれぞれにエクリチュールを開始する。そうした「はじまり」の行為自体は何度も反復されるが、それは同時に、いまだ書かれたことのない「意味」を意図的に生産しはじめることでもある（「はじまり」の反復可能性／不可能性は、音楽のアナロジーを使うとわかりやすいだろう――同じ楽譜をもとに演奏は何度でも反復されるが、演奏は毎回別の演奏であり、同じ演奏を反復することはできない。）神聖な起源から世俗的な「はじまり」へと移行するということは、ある作品が過去の作品とひとつの系統によって縦に連なると考えるのではなく、つねに別の作品、新しい作品として、他の作品と水平な関係にあると主張することになる。このことは、サイードが自身とヴィーコやフーコーとの関係をどうみなしていたかをも示唆している。つまり、『はじまり』という奇妙な著作において、サイードはヴィーコあるいはフーコーの直系の継承者たろうとするよりはむしろ、みずから「はじまり」を試みることによって、ヴィーコとフーコーのあいだに――彼らの作品と水平に並ぶことによって――「別の作品」を生み出そうと格闘していたのではないか。

もっともサイードは、逸脱的反復によって〈異なるもの〉が創造される可能性を無邪気に称揚したわけではない。サイード自身が『はじまり』のなかでもっとも独自性を発揮しているのはおそらく近代性を小説の形式をモデルにして定式化している第三章であるが、そこでサイードは皮肉にも、近代が「はじまり」の意図をある一定のかたちに条件づける制度であることを喝破している。「小説家は誰しも、小説というジャンルは発明を可能にしてくれる条件であるとともに束縛であるとみなしている」(B 83/一一二)。こうした近代小説の制度は「権威」と「妨害」という、サイードが独自に考案した対概念の相互関係として説明される。「権威」は権力およびその権力の体現者であるとともに、語源的に「作者」と関連している(B 83/一一三)。一方、「妨害」とはそうした作者の権威を妨害し、偽物だと暴くことである。

> その言葉〔妨害〕によってわたしが意味しているのは、いかなる小説家も、自分の権威が、その権威が完全かどうかにはかかわりなく、実はまがい物であるということ、あるいは語り手の権威がまがい物であるということに気づいていないわけではない、ということである。それゆえ妨害とは、それが登場人物であれ小説家であれ、いかさまであること、架空の書かれた王国に閉じこめられていることを意識することである。（B 84／一一三―一一四）

サイードによれば、すべての小説の権威にはこの妨害が条件として付随している。「物語的な散文フィクションにおける権威について語るなら、それに付随する妨害について語ることを避けることはできない」（B 84／一一四）。ある箇所ではサイードは、近代小説の制度をマルクスの「資本の原初的蓄積」の物語をもちいて説明している。封建制が解体して資本主義に移行したとき、ギルドによる規制がなくなり自分の労働力を自由に売ることができる労働者が誕生した。もちろん「自由な労働者」は幻想であって、資本主義体制下の労働者は生産手段を奪われたあらたな奴隷にすぎないのだが、自身ではあたかも自由に人生を決定できる個人であると考えている。小説における「はじまり」は、いわば「自由な労働者」の幻想である。ヴィクトリア朝の成長小説、たとえばチャールズ・ディケンズの『大いなる遺産』は個人が自由を追求する過程を描くとともに、その「成長」の過程で、自由が実のところ隷属状態にすぎないことを暴いていく（B 89-90／一二一—一二三）。

端的には、『はじまり』は『オリエンタリズム』とともにサイードの近代論であるともいえる。フーコーが「古典主義時代」と一九世紀以降のあいだに決定的なエピステーメーの転換をみるのにたいして、サイードの論じる「近代」はフーコーの定義する一九世紀を前提としているものの、時代区分としてはより曖昧である。前章でも指摘したように、『はじまり』では一七世紀後半のジョン・ミルトンやジョナサン・スウィフトあたりから現代（一九六〇年代）まで、『オリエンタリズム』ではナポレオンのエジプト遠征から現代までがざっくりと「近代《モダン》」の範疇に収められている。伝統的な文学研究者や批評家と同じように、サイードは近代を厳密な時代区分であるというよりも概念的、美学的に理解しているともいえる。だからこそ、アラブ文学には近代小説は二〇世紀まで存在しなかったとも主張するのである（B 81-82／一一〇—一一一）。『はじまり』第五章で批判的に検討される（ポスト）構造主義は、いわば、そのような「長い近代」のモチーフの現代的な変奏とみなされている（六〇年代末に執筆していたため、サイード自身は第五章で検討する思想家を構造主義者と呼んでいるが、フーコー論にかんしてはすでにポスト構造主義の問題系を先取りして論じている）。

六〇年代のフーコーの思想でサイードがとくに関心をもったのは、時空間的領野としての言説理解（「物、言葉、思考のあいだにある虚ろな空間」（B 285／四一六））、外在性の思考、近代における人間主体の問題である。『言葉と物』でフーコーが古典主義時代の表象空間から近代的な言説の時空間への移行を論じている箇所を、[*12] サイードは次のように要約する。

一八世紀には、物を空間のなかで——絵画のように——表象する可能性は、時間の連続性を受け入れることに由来していた。つまり、時間の継続的な前進運動にたいするゆるぎなき信仰に依拠して、事物は絵画の特権的な空間のなかに共存できるという思想である。空間的共存はこのように、時間の連続性から発すると考えられていたのである。しかし近代になると、諸物のあいだの空間的距離の感覚が深まった。類似した物どうしでさえ互いに分離し、近代精神にとって時間がたんなる幻想であり、統一、あるいは〈起源〉への回帰への約束にすぎないと考えさせるような感覚である。（B 285-286／四一六―四一七）。

すると人間はどうなるのか。この虚ろな空間＝時間に住まう人間は、もはや一貫性をもったコギトでもなければ、客体でも主体でもない。つまり人間は「構造」であり、「人文学的なものと呼ばれる言葉や思考のあいだの諸関係の一般化」となる（B 286／四一八）。サイードによれば、フーコーはこうした「殺伐とした」人間観を構造主義者と共有しており、人間を「最終的には、永遠に押し寄せる言説の波のなかに不安定に固定された、構成された主体であり語る代名詞にすぎないものと化してしまう」のである（B 287／四一九―四二〇）。しかしサイードは別のところでは、フーコーが言説空間のモデルとする「図書館」や「アーカイヴ」はけっして非人間的なモデルではなく、人間化の目的にかなうとも述べている（B 313／四六二）。図書館はあくまで人間がつくったものだ。図書館の収蔵物をすべて一人の人間の精神や経験のなかに収めることはできないが、利用の目的には限界があり、人間的な動機に委ねられている。それは、言語がシステムであるのにたいして、発話は人間的であるのと同じであると、サイードはいう。そして、次のように問うのだ――「知の増殖は最終的には人間主体を完全に置き去りにしてしまったのか、それとも主体性をすべての知に立ち向かわせる方法はあるのか」（B 314／四六二）。システムに抗う主体の可能性をめぐる問いは、彼がフーコーの「幻想の図書館」をオリエンタリズム言説に応用したときに深刻な理論的困難を生じさせることになるが、この点については次節で検討する。

　サイードが『はじまり』の時点からフーコーと異なっていた点として、サイードが潜在的にはつねに、時間の前進運動を志向していたということも挙げられる。サイードが「はじまり」と「起源」を区別して前者の能動性を「はじまりAはBを導く」と定義するとき、そこには時間的な前進運動と、運動の契機としての主体の意志が含意されている。彼の思考様式があきらかに絵画よりは音楽に向いていたのも、時間へのこだわりの原因の一つと推測できる。[*13]

八〇年代以降のサイードは「対位法」という音楽用語を頻繁にもちいるようになるが、古典的な対位法——二つ以上の異なる旋律が同時並行的に演奏され、それぞれの瞬間ごとにハーモニーが形成されるという作曲手法——は、まさに時間と空間の関係のアナロジーとなる。有名な『文化と帝国主義』でのジェイン・オースティン論では、対位法は宗主国と植民地という地理的に離れた二つの場所の空間的同時性を記述する用語として理解されている（CI 95-116／一六一—一八九）。しかしサイードは、対位法の概念に含まれる旋律の流動性、すなわち時間の前進的経過のほうにより力点をおいてこの語を使うこともある。すでに何度か引用している『遠い場所の記憶』の最終段落で、サイードが自分自身を「対位法的」に絡まりあう音楽の旋律の流れだと描写するとき、彼が想定しているのはむしろ主旋律と調性を欠いた現代音楽なのだろう――「これらの潮流は人生におけるさまざまな旋律のように、覚醒しているあいだは流れつづけ、最善の状態にあっても、和解や調和を求めたりはしない」「必ずしも前進するわけではなく、ときには相互に反発しながら、対位法的に、しかし中心となる旋律は不在のままに」（OP 295／三四二）。ダニエル・バレンボイムはサイードとの対談のなかで、音楽における調性は「緊張と解放の法則」という近代小説のプロットと同じ役割を果たすと指摘しているが、[*14] その意味では、無調音楽はプロットを欠く現代の前衛小説に近似している。晩年期のサイードは、近代性の法則をいったんは学んだのちにそれを学び棄てるというモダニズムの美学と政治を、まさに自己像として引き受けようとしていた。

### オリエンタリズムの空間

よく知られるように、サイードはオリエンタリズムをフーコー的な意味における言説であると明言している。言説としてのオリエンタリズムは、西洋がオリエントを支配し、再構成し、整合性あるものとして表象するための諸制度であり、語彙、学識のネットワークの総体として定義される。しかしながら、八〇年代半ばにはすでに、サイードの言説と権力についての理解はフーコーを誤読しており、権力を植民者が完全に所有するものとみなしたために植民地の発話主体が単一化され、一枚岩的なものに陥っているとの指摘がなされていた。[*15]

　サイード自身、『オリエンタリズム』で無批判にフーコーの理論的枠組みを受け入れたわけではない。みずからフーコーとの相違点を次のように明言しているのだから。

> だが私は、私がその著作に多くを負っているミシェル・フーコーとは違って、オリエンタリズムのような言説編成を構成する、無名であるはずのテクストの集合体の上にも、個々の著作家を決定する刻印が押されていると考えている。(〇23／上 六三)

『白い神話』のサイード論で、ロバート・ヤングはこの一文を引用し、サイードはフーコーがいったん放逐した「作者」、すなわち個人の行為主体性をとりもどそうとして方法論的苦境に陥ったと主張した。ヤングによれば、サイードは行為主体および創始者としての個人に固執したが、オリエンタリズムを理論的に成立させるためにはシステムや歴史決定性が不可欠の前提だった。しかし、行為主体としての個人とオリエンタリズムのシステムは対立しているのではなく、互いの鏡像であるとヤングはいう。「指示機能のない全体性としての覇権的オリエンタリズム――なぜなら、オリエンタリズムに対応する対象はなにもなく、内的葛藤もなく、ただ支配への意図だけがあるのだから――を仮定することによって、サイードは、いかなる抵抗を可能にするためにも、システムの外側からの対抗意図を必要としなくてはならないのである」[*16]。つまりヤングは、サイードにとっての個人は、オリエンタリズムに対立する意図として、システムの外側に位置づけられると述べている。ヤングはこのような個人を「宇宙の全体性に対峙するロマン主義的存在」と呼び[*17]、サイードの理論的後退であるとともに、オリエンタリズムの全体性を強調しながらその外部を措定せざるをえない論理矛盾を指摘した。確かにサイードの「ロマン主義」的な主体回帰の傾向は、その後『知識人とは何か』（一九九四年）においてますます顕著になったようにみえるかもしれない。同書ではサイードは、「有機的知識人」（グラムシ）と「特定的知識人」（フーコー）をともに批判し、知識人とは特殊な公的役割を担う個人であって「顔のない専門家」ではないと断言する。「わたしにとってなにより重要な事実は、知識人が公衆に向けて、あるいは公衆のために、メッセージなり、思想なり、姿勢なり、哲学なり、意見なりを代弁し、具現化し、明晰に言語化できる能力にめぐまれた個人であるということである」（RI 11／三七）。

筆者はここで、ヤングに倣ってサイードを批判したいわけではない。注目したいのは、サイードの誤謬を指摘するヤングが、オリエンタリズムの「外部」という空間のメタファーを流用している点だ。サイードがフーコーの「幻想の図書館」という空間イメージによって言説概念を把握して以来、後続の批評家は言説の領域を西洋の外部に拡大する試みとして『オリエンタリズム』を了解してきた。それと同時に、「抵抗する主体」という概念はもっぱら場所の問題、すなわちオリエンタリズムという図書館の内部にいるのか、それとも外部にいるのかという問いとして思考されてきたのだ。ヤングの議論は以下に述べる「旅する理論」でのフーコー批判を踏まえたものだと思われるが、そもそも理論が「旅をする」というサイード自身の発想において、理論が移動する空間領域がイメージされているのは確かである。

「旅する理論」でサイードは、ルカーチの革命思想が「旅」をすることによってフランスおよび英米の学界で制度化され、現実にたいする力を失ってきた過程を批判的に分析する。サイードによれば、ルカーチの理論とは「現実の回避としてではなく、世俗性と変革に関与し続ける革命的意志として意識が生産するもの」（WTC 234／三八一）であるが、理論がひとたび学問制度に吸収されて権威の衣をまとうとき、たとえばルカーチの物象化理論がパリやケンブリッジで批評理論として受容されるとき、それは支配的なシステムと一体化し、現実にたいする批評意識を麻痺させてしまう。この論考の最後の数ページで、サイードは、フーコーが本来は「無歴史的・無社会的フォルマリズムへの対抗者」であったことを認めつつ、彼もまた「理論のシステマティックな劣化の犠牲」に陥ったと主張する（WTC 243／三九五）。

サイードは、とくに『性の歴史』第一巻での「権力は遍在する」という見解は受け入れられないと明言する。経済決定論を回避するために編み出されたフーコーの精緻な権力理論は、サイードによれば、有効な抵抗の可能性をあらかじめ封じてしまう。「マルクス主義的経済主義に陥らないようにというその熱意のあまり、フーコーはみずから論じる対象である社会における階級、経済、反逆、反乱などのそれぞれの役割を消し去ってしまう」（WTC 244／三九七）。それゆえ、フーコー的なパノプティコン原理の支配のもとでは、階級闘争や植民地独立運動といった覇権的権力への抵抗の歴史を記述できないとサイードはいう。また、フーコーの理論は政治的見解の左右を超えてアメリカの学界で受容されたが、そうしたフーコーの同調者たち（たとえばイアン・ハッキング）をもサイードは痛烈に批判している。

> 厄介なことに、フーコーの理論は自己のまわりに円を描き、そこに独自の領域を構成し、自分自身と同調者たちをその中に幽閉してしまった。〔…〕歴史は労働、意図、抵抗、努力、闘争なしにはつくられないこと、さらにこれらのいずれ

も権力の微細なネットワークに無抵抗では吸収されないということを、わたしたちに忘れさせることを〔フーコーに〕許してはならない。(WTC 245／三九九)

「自分のまわりに円を描く」「独自の領域」「幽閉する」といったメタファーによって、サイードは、フーコー的言説空間を監獄のイメージで記述するとともに、「労働、意図、抵抗、努力、闘争」をそこに閉じこめることはできないと主張している。

こうした「空間」メタファーをめぐって、『ジェンダー・トラブル』(一九九〇年)におけるジュディス・バトラーのフーコー批判が、サイードとはまったく逆の主張に基づいているのは興味深い。バトラーは、まさにサイードが拒否した『性の歴史』第一巻のフーコーから出発し、フーコーに依拠しつつ言説の外側に起源を求めることを徹底的に批判する。しかしそのフーコーでさえ、エルキュリーヌ・バルバンの手記を編纂する際に、間性的な身体をもつエルキュリーヌが修道院の同性愛的環境で過ごした期間を「アイデンティティのない幸福な中間状態」と呼び[*18]、セクシュアリティ言説のユートピア的外部を想定してしまうことによってみずから『性の歴史』では完全に放逐しているはずの解放言説に耽溺していると、バトラーは指摘している。サイードによればフーコーは言説の内部に閉じこもっているのだが、バトラーからみれば、フーコーですら言説の外へ逃れ出る衝動に駆り立てられているというのだ。

『ジェンダー・トラブル』のバトラーが言説の「外部」という空間のレトリックそのものの虚構性を執拗なまでに暴いているのにたいして、『世界、テクスト、批評家』の時点でのサイードは「内部」「外部」という空間メタファーになかば無自覚なままである。しかし次章で論じるように、この時期のサイードはレイモンド・ウィリアムズの思想を再発見しており、まったく別の言葉遣いで行為主体と社会の関係を記述する可能性を手に入れつつあった。

### 廃墟の批評理論

ここでいったんフーコーを離れ、本章冒頭で提示したアカデミアの問題にたちもどりたい。序章ですでに指摘したように、七〇年代末から八〇年代のサイードの著作には、しばしば学問制度や学問共同体にたいする批判がみられる。『オリエンタリズム』もまた、そうした側面が強い著作の一つだ。同書の企図は、サイード自身がアメリカの学界で経験していたオリエンタリズムのはじまりをたどることだったといってもよいだろう。彼が自身の議論の前提としている狭義の「オリエンタリズム」は、中世ヨーロッパの大学制度に起源をもち、近代以降は文献学の一部門として確立していく学術研究の一領野のことである。[*19] サイードはこれを「オリエンタリスト」と呼ばれる専門家たちが東洋のテクストや言語を研究することによってつくりあげた知識の相互引用システムとして再定義し、東洋について語ったり書いたりするすべての者が参照する、巨大な図書館や博物館のようなものだと説明する。

たとえば、権威ある学者が「東洋人は怠惰だ」と書いたとしよう。他の学者たちはその学者を引用しつつ「東洋人の怠惰さの文化的背景」や「怠惰な東洋人を働かせる方法」について書く。こうして「怠惰な東洋人」についてのテクストが量産されていくとき、「東洋人は怠惰だ」という主張そのものは自明のものとして定着する。つまり、サイードにとってオリエンタリズムの根本的な問題は（しばしば誤解されているように）それが東洋を誤って表象していることではない。彼がよりいっそう注目し、批判するのは、表象が反復されることによって現実がつくりだされるプロセスであり、オリエンタリズムを駆動し維持する権力のありようそのものである。オリエンタリズムの権力を論じる際に、サイードはアントニオ・グラムシの「ヘゲモニー」という概念に依拠している。ヘゲモニーとは、市民社会の合意と政治による強制の双方に基づいて打ち立てられる覇権的な権力を意味する。サイードによれば、オリエンタリズムを持続させるのは文化的なヘゲモニーだという。

　学問制度としてのオリエンタリズムは、近代的オリエンタリズムの成立に不可欠だった。『オリエンタリズム』でサイードは二人の一九世紀フランスのオリエンタリスト、シルヴェストル・ド・サシとエルネスト・ルナンについて詳述している。サシは『アラブ名文集』の編纂によってオリエントを規範《カノン》化するとともに、教育実践をつうじてオリエントを研究する学問共同体の形成に貢献したが、それを近代的な研究手法に結びつけたのは文献学者、ルナンの功績だという。ルナンにとって、文献学とは近代的精神を体現する学問であり、その研究手法は同時代に発達しつつあった自然科学をモデルとしていた。ルナンは東洋の諸語の仮説上の起源として原セム語という祖語を再構築したが、その研究手法をサイードは「文献学の実験室」と呼んでいる（O 146／上 三三三）。セム語は実験室のなかでインド＝ヨーロッパ語より劣位にあるものとして構成され、そのことによって東洋人（「セム語族」）は劣った民族集団として再定義されることになった。サイードの批判の最大の矛先は、言語をあたかも生物であるかのように扱いながら、同時にセム語は発達の止まった非有機的な言語だと主張するという、ルナンの逆説的な科学主義にあった。

サイードによれば、時代を超えて蓄積されてきたテクストと学識は「潜在的オリエンタリズム」をかたちづくり、無意識のレベルでほぼ恒久的に維持されるという。植民地独立運動が高まりをみせる二〇世紀の両大戦間期のオリエンタリズム、冷戦と中東危機の時期におけるアメリカ合衆国の地域研究は、国家の政策的支援のもと、文献学的手法に基づく古典的なオリエント研究に比べてより露骨に政治に関与するものとなりつつ、科学的で専門的な手法を洗練させていった。それでもなお、オリエンタリズムの基本的な内容は変わっていないとサイードは主張する。バーナード・ルイスの一九七〇年代の著作には、まさしく一九世紀オリエンタリズムにみられたのと同じアラブ人への差別意識が書きこまれている（O 315-521／下 二五六―二六九）。いうなれば、サイードが近代オリエンタリズムの成立過程を精査したのは、まさにそこで形成された潜在的オリエンタリズムが一九七〇年代当時のアメリカの中東研究・政策にかかわっていることを暴くためだった。

『オリエンタリズム』や『パレスチナ問題』を著し、現実政治にも積極的に関与していた時期のサイードにしてはやや控えめなことに、『世界、テクスト、批評家』にみられるサイードの関心は、主として伝統的な文学批評と（文学批評よりはやや先進的ではあるとしても）抽象化された批評理論の問題にたちもどっているように思える。同書における思惟と洞察は、サイードの同時期の政治的活動や著作とともに、いわば対位法的に読解することによってのみ、その企図の全貌を理解することができるだろう。次章の最終節では『世界、テクスト、批評家』を『パレスチナとは何か』と接続させて読むことを提案するが、本章ではひとまず、サイードの学問共同体・制度批判にかかわる部分をもう少し掘り下げておきたい。『オリエンタリズム』では学問制度内における潜在的オリエンタリズムの持続性を重視したサイードだが、『世界、テクスト、批評家』ではむしろ、八〇年代のアメリカの大学制度が質的な変容を遂げつつあった点に着目しているからだ。

『世界、テクスト、批評家』の序論として書かれた論考「世俗批評」で、サイードはフィリエーション（家族・血縁的関係による共同体）とアフィリエーション（契約によって成立する社会）という対概念をもちいて、次のように論じている。文学の授業で教えられる作品群はアフィリエーション的関係に基づいているが、あたかも生得的、必然的なフィリエーションによって結びつけられた文化として了解される。そうした文化の守り手として学問共同体もまた、閉鎖的な「ギルド」を形成している（サイードは、前近代的な共同体のイメージを喚起するために、しばしばこの文脈で「ギルド」という比喩を使う）。こうした状況にあってサイードが推奨する批評家の役割とは、「本能に基づくフィリエーションと社会的アフィリエーションとの違いを認識すること、アフィリエーションがいかにフィリエーションを再生産し、しばしば独自の形式をつくるかをあきらかにすること」であり、こうした世俗的な批評意識をつうじて、現在の人文学のカリキュラムにおける「文学テクストのイデオロギー的捕捉の結果として」文学の正典《カノン》から排除されたエクリチュールにこそ目を向け、吟味することである（WTC 24／三八）。一方、サイード自身は文学、音楽にかかわらず西洋のカノン作品を好んで論じたことで知られる。カノン批判を示唆しつつも、「世俗批評」のなかで言及される文学テクストはT・S・エリオットの『荒地』である。しかし、サイードはカノンがイデオロギー的構築物であることには十分に気づいていたのであり、『オリエンタリズム』以降は実際に、アラビア語文学、パレスチナの現代文学について言及することが増えている。

「世俗批評」におけるサイードの今日性は、八〇年代の時点ですでにアメリカの有力大学が（マシュー・アーノルド的な意味での）「国民文化」形成の担い手としての近代的大学ではなくなっていることを見抜いていた点にある。新自由主義およびグローバリゼーション体制下にあって国家権力が少数のエリートと結びついた結果、エリートのための文化を維持管理する組織へと大学は変貌を遂げつつあった。論考の冒頭の部分で、サイードは次のように述べている。

きわめて狭く定義された純粋なテクスト性の哲学や批評的な非介入主義が、レーガン主義の支配と同時に出現しているのは偶然ではない。つまり具体的には、あらたな冷戦、軍国主義と防衛費の増加、経済、社会サービス、組織化された労働にかかわる諸問題における激しい右傾化と同時に起こっているのである。世界をテクストのアポリアや思考不能な逆説に完全に受け渡してしまって、現代批評はみずからの支持層、すなわち近代社会の市民から逃避してしまい、市民は「自由」市場の力、多国籍企業、消費欲の操作といったものに翻弄されるがままになっている。ありがたい専門用語が生まれ、そのおそるべき複雑さが社会の現実を覆い隠す。奇妙なことに思われるだろうが、その現実は、アメリカの権力が衰退しつつある時代の日常生活とはかけ離れた「卓越性のモード」の学問を奨励しもするのである。（WTC 4／六―七）

このようにサイードは、米国の学界の封建的な閉鎖性、極度の専門化、「世界」

からの逃避が、とくにレーガン政権下の社会の変化――あらたな局面を迎えていた冷戦下の軍事力強化、経済・社会の右傾化――と連動していることを指摘している。自由市場や多国籍企業がコントロールする現実社会に翻弄される市民から背を向けて、学問は専門用語や難解さによって現実を見えにくくする。しかも逆説的なことに、まさにそうした現実こそが、日常とはかけ離れた「卓越性のモード」に学問が逃避することを奨励しているとサイードはいう。こうした状況にあって、文学カノンも批評理論ももはや市民の共有文化ではなく、少数のパワーエリートが独占する文化であり、卓越性の指標でしかない――のちにビル・レディングズが『廃墟のなかの大学』（一九九七年）で詳細に論じることになる大学制度の決定的な凋落を、サイードは先取りして指摘している。[*20] サイードが批判する学問共同体の閉ざされたありかたは、いずれは学問を、共同体の内部においてのみ通用するゲームのようなものへと劣化させていくのだろう。それは、『フレンチ・セオリー』でキュセが皮肉たっぷりに描くことになる、卓越性競争のゲームだ。「こうした戦いに勝つためのただひとつの基本原則は〔……〕独創性を獲得することである」が、独創性の基準はけっして真理の発見でもなければ、公共善でもない。「そのための基準となるのは、ライバルとなる研究者を払いのけ、有名な同僚の主張を時代遅れのものにする能力、今ある研究分野のあり方から逸脱し、その分野においてこれまでほとんど使われてこなかったがゆえに最も効果的な概念を最小限の努力で見つけ出し、それを突きつける能力だけである」[*21]。

人文学の領域にパラダイム・シフトをもたらしたといわれる『オリエンタリズム』の刊行からは、すでに半世紀近く経っている。いまではサイード自身にも、しばしば「時代遅れ」の烙印が押される。近年では、さきに言及した『アフター・サイード』に収録された論考に顕著にみられるように、サイードの誤謬と盲点を指摘し、サイードを乗り越えるべきだとする批評が少なくない。『アフター・サイード』の編著者であるアブー＝マネフは、その序文で、サイードによる帝国主義にかんする考察が、植民地の宗主国内の資本主義と階級の問題を考慮に入れていない点を批判している。「サイードは、決定的かつ構造的プロセスである資本主義と階級を無視したために、宗主国の国内事情における帝国の重要性を過大評価している。ポリティカル・エコノミーを地理に置き換え、帝国を空間化することによって、あきらかな因果関係や決定項が無視されている」[22]。サイードが帝国主義を経済基盤よりは権力の問題ととらえがちであった（そこにはあきらかにフーコーの影響がある）こと、宗主国内での階級構造の分析には目を向けてこなかったことは事実だろう。サイードはまた、「旅する理論」でみずからルカーチの理論を脱階級化して自身の議論に転用している。プロレタリアートの「階級意識」はサイード自身の手によって、より抽象的な「批評意識」へと変容させられた。そして「故国喪失」というサイード自身の経験もまた、歴史的文脈を離れて理論として受容される過程で本来もっていた現実への批判的効力が失われ、安易なスローガンとして形骸化していった。

　けれども、わたしたちがいまなすべきことは、かつてのスターたちへの批判を学問共同体内部の卓越性のゲームに貶めることではない。必要なのは、批判をより社会的な批評として、公共に開いていくことなのではないか。つまり、理論をつねに徹底して歴史化しつつ、変容する社会と理論のあいだの齟齬や矛盾にこそ目を向けて理論を鍛えなおすこと――既存の理論に抗し、理論によっていまだ説明されない経験を汲みとろうとする、研ぎ澄まされた批評意識によって。フーコー没後に刊行された『フーコー・リーダー』（一九八六年）にサイードが寄稿した文章「フーコーと想像力」の末尾の一節は、サイード没後二〇年経ったいま、皮肉なことに、批評理論の瓦礫の山のなかにエドワード・サイードの名を発見して当惑している、わたしたちにとっての指針にもなる。フーコーの著作が刺激的であるのは、彼の理論が完璧であるからというよりはむしろ、「何かが見逃され、無視され、回避され、転置されているのを思い出して不穏な気持ちにさせられるから」であるとサイードはいう。先人の築き上げた理論と現実の社会変化とのあいだに葛藤があるからこそ、わたしたちには理論を探究し続ける意味がある。「フーコーと想像力」の最後の一文はこうだ――「この葛藤は、彼の学生たち、わたしたち自身が暴き出し、可能であれば解消していかねばならないのである[*23]」。

＊1　物理学者アラン・ソーカルが現代思想のパロディ論文をでっちあげてアメリカの人文系学術誌

『ソーシャル・テクスト』に投稿し、掲載された事件。事件後、ソーカルはジャン・ブリクモンと共著で『「知」の欺瞞』を出版し、ポストモダン思想がいかに科学的言説を誤用、濫用しているかをあげつらって批判した。批判の対象にはラカン、クリステヴァ、イリガライなど精神分析系の思想のほか、ブリュノ・ラトゥール、ボードリアール、ドゥルーズとガタリなどが挙がっている。Alan Sokal and Jean Bricmont, *Fashionable Nonsense: Postmodern Intellectuals' Abuse of Science* (Picador, 1999 [1998]). アラン・ソーカル、ジャン・ブリクモン『「知」の欺瞞――ポストモダン思想における科学の濫用』田崎晴明／大野克嗣／堀茂樹訳（岩波書店、二〇〇〇年）。

＊2　François Cusset, *French Theory: How Foucault, Derrida, Deleuze, & Co. Transformed the Intellectual Life of the United States*, Jeff Fort trans. (University of Minnesota Press, 2008). フランソワ・キュセ、『フレンチ・セオリー――アメリカにおけるフランス現代思想』桑田光平／鈴木哲平／畠山達／本田貴久訳（ＮＴＴ出版、二〇一〇年）。

＊3　Cusset, *French Theory*, p. xvi. 同序文は英語版のみに附されている。

＊4　しばしば誤解されてきたが、サイードの目的は文化相対主義の立場から理論の普遍的な適用可能性を否定することにあったのではない。「旅する理論」の最初のほうで、サイードは以下のように問いかけている。「特定の歴史的状況の結果として、その特定の状況に関連した理論や思想が生まれると想定する。その理論や思想が別の状況やあらたな理由のもとでふたたび用いられるとき、またさらに別の状況でふたたび用いられるとき、理論や思想には何が起こるのだろうか」(WTC 230／三七五)。つまりサイードは、理論の限界を指摘しただけではなく、理論が異なる文脈に接ぎ木されることによって生じる可能性にも賭けようとしていた。一〇年ほど後に書かれた「旅する理論再考」では、サイードは、本来の文脈とは切り離されたあらたな文脈の下で侵犯的

に読解されることによって、理論が発展的に継承され再活性化することもあると主張し、アドルノとファノンによるルカーチ受容を肯定的に評価している（RE 436-452／2 一五九―一八一）。以下も参照。四方田犬彦「トラヴェリング・セオリー、ふたたび」『現代思想』三一巻一四号（二〇〇三年一一月）一八八―一九七頁。

＊5 一九七九年一月に、サイードはパリのフーコーの自宅で開催された中東和平にかんするセミナーに招かれており、晩年になって『ロンドン・レヴュー・オヴ・ブックス』に寄稿したエッセイでこのセミナーについて回想している。回想のなかでサイードは、フーコーの本棚に『はじまり』があるのを発見して嬉しかったと告白しつつ、フーコーがイスラエルを支持していたことにも触れている。ただしサイードは、フーコーのパレスチナ問題への見解を彼自身がはっきりと知ることになったのは、七九年の時点よりもずっと後だったとも述べている。Edward Said, “Diary.” *London Review of Books*, 22:11 (1 June 2000) pp. 42-43. <http://www.lrb.co.uk/ v22/n11/ edward-said/diary>.

＊6 Homi K. Bhabha, “Difference, Discrimination, and the Discourse of Colonialism,” Francis Barker et al. eds, *The Politics of Theory* (University of Essex Press, 1983) pp. 194-211.

＊7 Robert Young, *White Mythologies: Writing History and the West* (Routledge, 1990) pp. 119-140. サイードとフーコーの違いにかんする日本語の論考としては、以下を参照。小野正嗣「フーコーとサイード―文学を境界にして」『現代思想』三一巻一四号（二〇〇三年一一月）一五四―一六五頁。

＊8 ティモシー・ブレナンは、『はじまり』におけるヴィーコの影響を重視した最初の論客の一人である。Tim [Timothy] Brennan, “ Places of Mind, Occupied Lands: Edward Said and Philology,” Michael Sprinker ed., *Edward Said: A Critical Reader* (Blackwell, 1992) pp. 74-95.

＊9 Bashir Ab-Manneh, *After Said: Postcolonial Literary Studies in the Twenty-First Century* (Cambridge University Press,

2019).

＊10 Peter Brooks, *Reading for the Plot: Design and Intention in Narrative* (Harvard University Press, 1992); D. A. Miller, *The Novel and the Police* (University of California Press, 1988). デイヴィッド・ミラー『小説と警察』村山敏勝訳（国文社、一九九六年）。

＊11 A. Abdirahman Hussein, *Edward Said: Criticism and Society* (Verso, 2002) p. 129.

＊12 ミシェル・フーコー『言葉と物——人文科学の考古学』渡辺一民／佐々木明訳（新潮社、一九七四年）七一—一〇一頁。

＊13 いうまでもなく、空間的に把握される近代的な時間の概念は、音楽の「テンポ」をめぐる議論の前提にある。サイードとの対談のなかでバレンボイムは「テンポを決定するのは内容である」と発言しているが、この発言の前提には、テンポとはメトロノームで計測される均質で前進する時間であるとともに、ある内容を表現するために区切られた時間の空間的スロットであるという認識がある（それゆえ、内容はメトロノームが区切る時間のスロットのなかに収まりきらず、作曲家が指定したテンポでは速すぎるということになる）。Daniel Barenboim and Edward W. Said, *Parallels and Paradoxes: Explorations in Music and Society* (Bloomsbury, 2004 [2003]) pp. 112-113. バレンボイム／サイード『音楽と社会』中野真紀子訳（みすず書房、二〇〇四年）一五三—一五四頁。

＊14 Barenboim and Said, *Parallels and Paradoxes*, p. 133. バレンボイム／サイード『音楽と社会』一八〇頁。

＊15 Bhabha, "The Difference," p. 200.

＊16 Young, *White Mythologies*, pp. 134-135.

＊17 Young, *White Mythologies*, p. 135.

＊18 Judith Butler, *Gender Trouble: Feminism and the Subversion of Identity* (Routledge, 2007 [1989]) p. 128. ジュディス・

バトラー『ジェンダー・トラブル――フェミニズムとアイデンティティの攪乱』竹村和子訳（青土社、一九九九年）一七三頁。

*19 ヨーロッパでは伝統的にオリエントは近接する中近東地域を指し、中世においてはキリスト教文明にたいする脅威としてのイスラーム世界、近代以降は植民地支配の対象としてのアラブ社会を意味していた。『オリエンタリズム』で主として論じられているのはエジプトおよびパレスチナを中心とする中東地域だが、同書全体をつうじてサイードは、オリエンタリストによる東洋人表象が実在する東洋人ではないのと同様に、西洋の心象地理としてのオリエントもけっして実在する特定の地域に還元することはできないと示唆している。

*20 Bill Readings, *The University in Ruins* (Harvard University Press, 1997). ビル・レディングズ『廃墟のなかの大学〈新装改訂版〉』青木健／斎藤信平訳（法政大学出版局、二〇一八年）。

*21 キュセ『フレンチ・セオリー』一八六頁。Cusset, *French Theory*, p.194.

*22 Abu-Manneh, *After Said*, p. 11.

*23 Edward Said,"Foucault and the Imagination of Power," David Couzens Hoy ed., *Foucault: A Critical Reader* (Blackwell, 1986) p. 155. 同論考は『故国喪失についての省察』にも再録されている（RE 245／日本語版未収録）。

# 第三章　文化と社会

## 批評家と共同体

国家権力や主流派の言説に果敢に立ち向かう孤高の知識人。エドワード・サイードについて、わたしたちの多くは漠然とそんなイメージを抱いている。ティモシー・ブレナンはそのイメージを補強するかのように、サイードを「前世紀後半でもっとも社会を変える力をもっていた思想家の一人」と呼び、パレスチナの代弁者として「ほぼ独力で〔……〕シオニズムがもはや神聖不可侵な立場ではないことをあきらかにした」と評している。[*1] 最初期のジョゼフ・コンラッド論のなかで、サイードはあたかも自画像を描くかのように、コンラッドの内的葛藤を「個性の要求」と表現した（JC 3-28)。その後も「世俗批評家」「伝統的知識人」「知識人としての名演奏家《ヴィルトゥオーソ》」といった用語を好んで使用し続けた。こうした言葉遣いは、サイードが抵抗する主体として集団よりは卓越した個人の力を重視していたことの証左であるようにも思える。

一方、サイードが「共同体」、「社会」あるいは「ネイション」などといった人間の集合体のありかたについて、真剣に考察しようとしていたのもまた事実だ。『オリエンタリズム』から『世界、テクスト、批評家』にいたる時期のサイードの批判の矛先の一つは、支配的な言説の構成に加担する場としての学問共同体だった。すでにみてきたように、八〇年代のサイードは「フィリエーション」と「アフィリエーション」という対概念を頻繁にもちいて共同体（ゲマインシャフト）と社会（ゲゼルシャフト）の関係を再検討し、学問共同体から国民国家にいたるまでのさまざまな共同体／社会を考察している。伝統的な人文主義《ヒューマニズム》への回帰を訴えているかに思える晩年の著作（「文献学への回帰」）においてでさえ、サイードは「読むこと」という営為を個人の精読への努力と集団による解釈の積み重ねのあいだの弁証法的関係としてとらえていた。そのことを説明する際には、あたかも人文学における西洋個人主義的な前提を挑発するかのように、あえてイスラームの伝統におけるクルアーン解釈を例にもちいている（HDC 68-69／八五―八六）。

　前章で触れたように、サイードの著作における批評家自身のポジション――自身が批評する共同体ないし社会の一員にとどまるのか、それとも完全にその外部に浮遊する存在なのか――は、ポスト構造主義的な観点からはつねに問題視されてきた。ロバート・ヤングによれば、サイードの批評はつねに支配的なシステムの外部で対抗意図を担う個人を必要としている。[*2]ヤングの指摘は、サイードの批評のある側面を言いあてているように思えるかもしれない。だが、システムや言説の「外部」「内部」といった言葉遣いはあくまでメタファーであり、そのメタファーが成立するのは、人間の社会を分け隔て、囲いこむことが可能な空間とみなすという前提を共有するかぎりにおいてである（逆説的ではあるが、システムや言説に「外部」はないというポストモダンのテーゼ自体が、そうした前提に基づいている）。わたしたちは「社会」というものを、それとはまったく別のやりかたで議論することもできるのではないか。

本章では、サイードのいう「批評」をいわゆるフレンチ・セオリーとは異なる系譜に属する思想との関連で読みなおすことによって、「外部」と「内部」という空間メタファーにとらわれずに、批評家と共同体・社会の関係を記述してみたいと思う。静的な空間メタファーに代わるもの、それは変化や変革を可能にする時間性の問いを再導入することでもある。そのためにはまず、ミシェル・フーコーの「言説」に代わるより動的な社会モデルを提示した思想家として、とくに八〇年代以降サイードが積極的に受容した思想家、レイモンド・ウィリアムズの直接的、間接的影響について探るところからはじめたい。いうまでもなく、本章のタイトルは一九五八年に刊行されたウィリアムズの名著『文化と社会』へのオマージュである。

## 旅するレイモンド・ウィリアムズ

レイモンド・ウィリアムズがサイードに与えた影響は、ヴィーコ、グラムシ、フーコーの影響ほどには話題には上らず、真剣に論じられることも少ない。ウィリアムズはサイードが参照した左派思想家のリストに名を連ねるとしても、両者をめぐる議論は『田舎と都会』(一九七三年)と『文化と帝国主義』に限定されがちだ。[*3] ブレナンの評伝によれば、サイードは一九六〇年代、ハーヴァード大学の博士課程の学生だったときに、指導教員の一人、ハリー・レヴィンをつうじてすでにウィリアムズの著作に接していたという。[*4] ブレナンが紹介するエピソードは、サイードがいかにウィリアムズに敬意を抱いていたかあきらかにしてくれる。一九七八年にコロンビア大学で企画したイベントにウィリアムズを登壇者として招聘しようとしたこと(日程調整がうまくいかず、実現はしなかったが)。あるいはまた、研究室の本棚にウィリアムズといっしょに写っている、一九八七年にロンドン大学で開催されたイベントのポスターを掲げていたこと。私的な会話のなかで、『オリエンタリズム』執筆の際の主要なモデルの一つが『田舎と都会』だったと率直に認めていたこと。[*5]

社会的バックグラウンドという点においては、サイードとウィリアムズは互いにかなり異質な存在だ。一方はアメリカ合衆国に居住し、みずからを亡命知識人と位置づけるリベラルな文学批評家、もう一方はウェールズの労働者階級コミュニティへの帰属意識を批評や創作活動の基盤にしている社会主義者である。こうした違いゆえに、サイードはいくつかの点ではウィリアムズにたいして批判的な距離をとらざるをえなかった。「文化」という概念の扱いも、両者の重要な相違点の一つである。ウィリアムズにとって文化とは共同体の形成に不可欠な要素として、つねに肯定的にとらえられるべきものだった。一九七九年に行われたウィリアムズとの対談のなかで、サイードは故国喪失者としての自身の経験から、地域共同体を前提とするウィリアムズの「文化」にはアンビヴァレントな感情を抱くと告白している。サイードは、自身が文化という用語を使うときは「本質的には協働や共同体ではなく、排除を表わす語としてもちいてきた」と述べている[*6]。

『文化と帝国主義』でサイードは、ウィリアムズが『田舎と都会』で帝国主義の問題を十分に扱わなかったと批判しているが（CI 14／1 四八）、その批判はかなり不当なものだと指摘されてきた。ダニエル・G・ウィリアムズは二〇〇三年に編纂されたウィリアムズの論集『誰がウェールズのために語るのか』の序文で、サイードのレイモンド・ウィリアムズ批判の問題点を適切に指摘している。第一に、『田舎と都会』でレイモンド・ウィリアムズは丸々一章割いて植民地文学と、当時は新しかったカリブやアフリカの英語文学を論じている。第二に、サイードの立論は〈東洋〉対〈西洋〉という固定化された二項対立に依拠しすぎており、レイモンド・ウィリアムズが直視していたような、ヨーロッパの内側に存在する植民地や民族間の対立、闘争を完全に無視しているという。[*7] 似たような議論は他にもある。『アフター・サイード』の編著者バシール・アブー＝マネフは、レイモンド・ウィリアムズとサイードの『マンスフィールド・パーク』の読解を比較し、サイードは帝国の問題をこの小説の第一決定項とみなし、帝国が資本蓄積のより広汎なプロセスの一端のみを担っているというウィリアムズの考えを拒絶していると述べている。[*8]

　しかし、異論や誤解があったとしても、サイードがウィリアムズに関心をもち、その思想をとりこもうとしていたのは確かだ。すでに『オリエンタリズム』でサイードは、〈東洋〉と〈西洋〉の二項対立を解体するプロセスを追究するために、ウィリアムズのいう「学び棄てること」を実践しようと試みている（その試みがかならずしも成功してはいないとしても）（O 28／上 七二）。ウィリアムズをもっとも手厳しく批判しているように思える『文化と帝国主義』においてでさえ、サイードは自身の議論の核心部分でウィリアムズに依拠している。文化帝国主義を定義する際にサイードは、フーコーの「言説」の代わりに「姿勢と言及の構造」というフレーズをもちいており、このフレーズがウィリアムズの「感情構造」に由来することを認めている[*9]（CI 61／1 一一三）。

　後述するように、サイードがもっとも直接的にウィリアムズに負っているのは、八〇年代以降のサイードの批評の前提にある「理論は旅をする」というテーゼである。「旅する理論」では、理論が時空間を超えて移動することは理論の物象化につながるものとして批判的に論じられているが、そのほぼ一〇年後に発表された「旅する理論再考」（一九九四年）のなかでは、サイードは理論に旅をさせることはけっしてオリジナルの理論を忠実に複製することを目的とするのではなく、抵抗や逸脱を積極的に招き入れることであると述べ、理論の旅を再評価している。また、安易な還元化や制度化に陥ることを避けるには、あえて意識的に理論のある部分の受容を拒否することが必要だとも主張している。理論を別の時空間に移動させることによって、その理論にもともと内在していた葛藤や緊張状態《テンション》はふたたび言語化され、確認される。こうしたプロセスをサイードは、「侵犯的理論」とも呼んでいる（RE 439／一六二）。サイード自身、レイモンド・ウィリアムズを含む多くの思想家の侵犯的な読者だったのはいうまでもない。彼はけっしてウィリアムズの追随者ではなかったし、つねに自身の社会的、文化的文脈のなかでウィリアムズを試し、ウィリアムズに挑戦していた。

　レイモンド・ウィリアムズがサイードへと旅をしたとして、その旅はいつ、どのようにしてはじまったのか。この問いにはっきりした答えを与えるのは難しいが、おそらくサイードは『オリエンタリズム』より以前に、すでにウィリアムズの思考のもっとも基本的な部分を意識的にせよ無意識にせよ共有していたのではないかと思われる。とくに注目したいのは、七〇年代のウィリアムズとサイードがともに重視していた「意図」という問いである。前章でみたとおり、一九七五年に刊行されたサイードの『はじまり』においては、その副題に「意図と方法」とあるように、意図が鍵概念の一つになっている。同時期のウィリアムズもまた、「マルクス主義文化理論における基盤と上部構造」（一九七三年）や『テレビジョン』（一九七四年）といった著作において、意図の問題を中心的な主題の一つとして論じている。[*10]『テレビジョン』の冒頭の章では、ウィリアムズは文化研究に「意図をとりもどす」ことが必要だと高らかに宣言しているほどだ。同時期のウィリアムズの著作と『はじまり』のあいだには、直接的な影響関係はないと思われる。[*11]しかし、ポスト構造主義が興隆し、メディア・テクノロジーを基盤とするあらたな社会モデルが誕生するなかで、両者がともに社会に変革をもたらしうる意図、およびそうした意図を担う行為主体をめぐる問題系を保守しようとしていたという点は重要だろう。また、サイードが早い段階から意図へのこだわりをウィリアムズと共有していたという事実は、その後のより積極的なウィリアムズ受容を理解する手がかりにもなる。

### 意図をとりもどす

「意図」という問いは、狭義の文学研究においても、二〇世紀後半の比較的早い時期からすでに時代遅れのものになりつつあった。有名な論考「意図性の誤謬」が発表されたのは一九四六年のことだ。この論考の共著者ウィムザットとビアズリーは、文学作品はいったん書かれると作者の手を離れて公共財となるため、文学作品の起源をテクストの外部にいてテクストに先行する存在としての作者の意図に求めるような批評は、公共財を私的に囲いこむことになると主張した。[*12] その後、一九六〇年代の終わりにロラン・バルトが提示した「作者の死」というテーゼは、文学理論の共通の前提として現代にいたるまで受け入れられている。文学作品の作者の近代的なイメージ——たぐいまれなる才能によって芸術を創造する孤高の存在——は、フーコーの提案する「機能としての作者」や、ナラトロジー（物語理論）用語でいうところの「想定される作者」（読者が遡及的に構築する作者像）へと還元され、作者の意図はテクストの意味の決定要因とはみなされなくなった。[*13]

　一九七〇年代までには、脱中心化された主体の概念は文化や社会にかんするさまざまな研究領域を横断して支配的になり、新しいメディアとコミュニケーション技術を基盤とする社会モデルが誕生した。ウィリアムズが『テレビジョン』を書いていたのは、テクノロジーは社会変化や進歩を促す物質的条件を供給する自律的な力であると主張する「テクノロジー決定論」が、文化研究やコミュニケーション研究に強い影響力をもっていた時期である。こうした新しい社会モデルの前提のもとで、意図はますます重要性を失っていった。いうまでもなく、この傾向は現代までも続いている。ポストヒューマニズムやデジタル・カルチャーの時代に安易に「意図」を強調することは、ロゴス中心主義、人間中心主義の誹りを受けかねない。[*14]
『テレビジョン』でウィリアムズが「意図をとりもどす」ことの必要性を訴えたとき、彼はもちろん同時代の潮流を熟知したうえで、その流れに逆行しようとしていた。[*15] 一九七三年に発表された論考「マルクス主義文化理論における基盤と上部構造」でも、ウィリアムズはマルクス主義理論における意図の重要性を強調している（この論考はのちにサイードが「旅する理論」のなかで引用し高く評価しており、サイードに直接影響を与えたテクストの一つである）。[*16] ウィリアムズはまず、基盤と上部構造の分断を強調する古典的なマルクス主義理論が全体性（ルカーチ）やヘゲモニー（グラムシ）といったより包括的な概念の導入によって修正されてきた過程を概観する。ウィリアムズにとっては、社会的プロセスを全体性とみなすルカーチの理論は基盤と上部構造の二分法よりは受け入れやすいが、難点があるという。もしわたしたちがさまざまな社会実践を全体性としてのみとらえ、各々の実践が全体性の内部でのみ相互にかかわっているとみなすならば、そこには「決定」のプロセスが欠如している（決定は、マルクス主義理論の根幹を成すテーゼだ）。ウィリアムズにとって鍵となるのは、全体性の概念が意図の概念を含むかどうかという問いだという。全体性を意図の概念を欠いた雑多な実践の集積と定義することも可能だが、ウィリアムズによれば、どんな社会であっても固有の組織や構造をもっており、そうした組織や構造を動かす原理には特定の「社会的意図」が直接関与している。[*17] この論考の後半で「残滓的なもの」と「勃興的なもの」というあらたな概念が導入されるときにも、意図は重要な論点となる。ウィリアムズの主張はこうだ。どんなに支配的な文化であっても、「人間の諸実践、エネルギー、意図を完全に汲みつくすこと」は現実にはありえない。[*18] 支配的な文化に抵抗し、異議申し立てをする文化実践、すなわち残滓的なものと勃興的なものの存在に気づくことは、文化を静止したオブジェクトではなく変容可能な社会的プロセスとして考察するためには欠かすことができない。

『テレビジョン』でウィリアムズがテクノロジー決定論を批判するのは、まさにそれが意図を排除する社会モデルの上に成立しているからだ。テクノロジー決定論は「現実にある社会的、政治的、経済的な意図を、発明の偶発的自律性や抽象的な人間の本性の問題にすり替えてしまう」[*19]。ウィリアムズによれば、社会的プロセスがいかなる社会にも適用可能な「社会化」や「社会機能」といった抽象概念に還元されているような社会モデルにとっては、意図にかかわる問いを排除することはむしろ必然でさえある。しかし、そうした抽象化に抗って特定の社会の形態の生成プロセスを分析するためには、意図の概念が不可欠になってくるという。ウィリアムズが意図を想定したうえで社会の変容プロセスを記述すると、以下のようになる。

> 原初的な意図は特定の社会集団のすでに知られている、あるいは望ましい諸実践に対応しており、発展の速度と規模はその集団の特定の意図や相対的な力の

影響を強く受ける。しかし、それに続く段階の多くにおいては、異なる意図をもつこともあれば、少なくとも異なる優先度合をもっているような他の社会集団が、そのテクノロジーを採用したり発展させたりするだろう。さらには、多くの場合、まったく予想もされていなかった使用法や予想もしなかった効果も現われるだろうが、これらもまた、原初的な意図を真に修正するものである。[*20]

最後の一文にみられる洞察は、ウィリアムズの社会モデルの核心をついている。テクノロジーの「まったく予想もされていなかった使用法や予想もしなかった効果」の説明として、彼は火薬の発明を例に挙げる。火薬は支配階級の命令あるいは企業の投資によって開発されたかもしれないが、ひとたび発明されると、想定外の行為主体によって想定外の利用のされかたをする。たとえば、革命集団が支配階級を倒すため、企業の財貨を奪うために火薬を使用することもありうる。[*21] ウィリアムズが社会の変容プロセスを重視するときには、社会はけっして一直線に発展するものとはみなされていない。それは混線することもあれば、逸脱することもある。逆説的と思えるかもしれないが、ウィリアムズにとってはこの逸脱可能性こそが意図と行為主体が必要とされる理由なのだ。原初的な意図と行為主体を想定することによってのみ、そこから逸脱したりそれに対抗したりするような他の意図や行為主体、そして革命的変化もまた想定可能になる。[*22]

前章で詳述したように、『はじまり』においてサイードは、「はじまり」を「意味の意図的な生産の第一歩」と定義している。「はじまり」はまたこうした意図をもつ行為主体としての作者に紐づけられている。この著作でのサイードは、構造主義的な「反復」にとらわれているものの、同一性の反復を逸脱する契機として「はじまり」に注目している。はじまりとは「意図的に他のものである意味の生産」を開始することだ。同時にそれは「世俗的」な営為であり、そこで生産される作品は「別の作品」であって、先行する作品の系統からそのまま降りてきたものではない(B 13／一六)。

『はじまり』をサイードの最重要な著作だと考えるアブディラフマン・フセインは、意図についても紙幅を割いて議論をしている。フセインは『はじまり』における意図の概念を純粋な思惟作用というよりはむしろ、あくまで現実に根ざした合理性の一類型――歴史的、文化的な制限を受けつつ欲望も担うような主体の意図――として説明している。[*23] ここでのフセインはヴィーコを念頭において論じており、ウィリアムズは参照されていない。[*24] しかしこのように意図を定義するならば、それはウィリアムズのいう意図にもある程度は当てはまるように思われる。何よりも重要なのは、サイードが「はじまり」を意図と行為主体に結びつけられた問いとして提起したのは、規範の逸脱と変革を可能にする時間的プロセスを記述するためであったという点である。その点においてサイードは、同時期のウィリアムズと同じ出発点に立っていた。

もちろん、サイードの『はじまり』は同時期のウィリアムズの著作とはさまざまな点で異なっている。『テレビジョン』が同時代のもっともポピュラーな文化形式に焦点を当てたのにたいして、『はじまり』の議論の対象は主として近代小説であり、伝統的な文学研究の域に収まっているというのは、両者のあいだのもっともわかりやすい違いである。そもそもサイードは、生涯をつうじて近代文学やクラシック音楽といった伝統的な芸術を好んで論じ、ポピュラーなメディアや文化にはあまり関心を示さなかった。[*25] サイードがメディア・テクノロジーを比較的真剣に扱ったのは、グレン・グールドがレコーディング技術を戦略的に利用したことを論じたときくらいだろう（ML 3-10／1 三―一八）。

対象とする文化形式の違いは、意図とそれを担う行為主体をいかなる社会関係のもとにあると仮定するかの違いにもつながる。『テレビジョン』でウィリアムズが行為主体性の問題をつねに集団的および社会的な文脈で論じているのにたいして、『はじまり』における行為主体は一見して、個人としての作者に還元されている。[*26] とはいえ、『はじまり』における作者は、いかなる社会関係にもとらわれない浮遊する個人ではない。サイードは作者を家族関係における父親として繰り返し記述する。作者とはすなわち「何ものかの起源であるか、それに存在を与える者」であり「子をもうける者、創始者、父親、先祖、何かを書いて発表する者」（B 83／一一三）だという。サイードがこうした家父長制と生殖の比喩をもちいるときに依拠しているのはヴィーコであるが、『はじまり』でのサイードは驚くほど頻繁に、しかもたいていは無批判に、家族のアナロジーを乱用する。[*27]「登場人物にたいする形式的制度としての小説の態度は、子どもに家督を授ける父親が子どもをたしなめる態度である」とともに「作者であること――これが作家／作者、小説の父／作者、そして登場人物／作者にも同じように当てはまるさまに注目せよ――このことは、容易には逃れえない父息子関係《フィリエーション》のプロセスにどっぷりかかわることなのだ」（B 93／一二六）。

もちろん、サイードが近代小説の作者の家父長的権威を絶対不可侵のものと考えていたわけではない。近代小説の「はじまり」の条件は、「権威」と「妨害」のあいだの弁証法的闘争だ。しかしその闘争関係は父と（反抗的な）息子のあいだの親密圏のなかでの関係であるかのように記述されており、ウィリアムズが想定する資本家と革命家のあいだの社会的闘争とは質的に異なっているという印象を与える。サイードが親子関係、とくに父息子関係を意味する filiation の成立を妨害する概念として、molestation という現代ではもっぱら性的虐待という意味で使われる語をもちいているのは、たんなる偶然ではないだろう。サイードがのちのちまで血縁関係の比喩言語を使い続けたことは、彼の共同体観が血縁の痕跡を宿し続ける民族共同体《ネイション》に基礎づけられていたこと、そしてそのような共同体にたいするアンビヴァレントな感情を彼が保持し続けたこととも関係しているように思われる。

## 批評意識は理論に抗う

ここで八〇年代のサイード用語の一つである「批評意識（批判的意識）」にかんして、ウィリアムズの思想との関係を概観しておきたい。

サイードの論考「旅する理論」の主旨は、理論が学問制度にとりこまれることによって物象化されることへの批判であり、ルカーチの革命思想の西欧における制度的受容や北米の学界でのフーコー受容、およびフーコーそのものにも批判の矛先が向けられている。リュシアン・ゴルドマンを経由してルカーチを受容したウィリアムズにかんしては、むしろルカーチの理論からの逸脱をつうじてあらたな可能性を見いだした思想家として評価されている。さらにサイードは、みずからウィリアムズに旅をさせることによって、ルカーチの物象化理論の見なおしを行っている。ウィリアムズ自身の論考に依拠することによって、理論と（理論への抵抗としての）批評意識の関係の定式化を試みているのだ。つまり、「旅する理論」は「旅する理論再考」で論じられることになる「侵犯的理論」を暗黙のうちにすでに実践しているともいえる。

ルカーチによれば、資本主義の生産システムのなかにいる労働者は人間性を奪われ、断片化され、労働力というモノと見なされている――すなわち物象化されている。しかし、資本主義のシステムが危機《クライシス》に瀕するまさにそのとき、システムそのものへの批評的《クリティカル》な意識が立ち上がる（英語の critical は crisis の形容詞形でもある――また、crisis は「恐慌」という意味にもなりうる）。危機をつうじて、意識は客体の世界から理論の世界へと移動することになる。ルカーチにとっては、ここで生まれる批評的な意識とはもちろん、革命を起こし、人間の解放を導く真のプロレタリアートの階級意識のことだ。

しかし、サイードのルカーチ読解には、ルカーチにたいしてかなり批判的なところもある。物象化を克服することの論理的帰結は革命的階級が自己消滅し、全体性へと向かうことだ。だが、それはある理論を別の、同じように硬直化しうる理論で置き換えることではないのか。サイードによれば、ルカーチの矛盾は、資本主義のシステムにおいて物象化がすべてを支配していると仮定する（危機が生じるのは資本主義の自己破綻による）が、まさにその資本主義のもとで、ルカーチ自身の批判的意識がそれにとってかわる思考形式を生み出したことを説明できない点にある。ある一つの理論（システム）には、つねにそれに抵抗する批評意識が内在していなければならない。

　こうしたサイードの議論の道筋は、一九七〇年代のウィリアムズの思想に負うところが多い。サイードによれば、ウィリアムズはまさに理論の限界と陥穽、すなわちいかに画期的な理論であってもそれを無批判に反復することは罠になりうるという事実を見抜いていた思想家だった（WTC 239／三八九）。この論考に直接引用されたウィリアムズの以下の発言は、サイード自身の主張の要点でもある。

> いかに支配的な社会システムであっても、その定義上、すべての社会的経験を

> 汲みつくすことはできないがゆえに、社会的経験にはそのシステムに代わる行為や意図、いまだ社会的制度として、あるいは計画としてすら分節化されていない行為や意図のための余地が、つねに潜在的に含まれている。[*28]（WTC 240／三九一）

ウィリアムズが「システム」と呼んでいるものを理論に置き換え、そのシステム＝理論に代わる「行為や意図」をさらに批評意識と読み替えれば、これはそのままサイードの言葉として読むこともできるだろう。いかに支配的な理論であっても、すべての社会的経験を説明しつくすことはできない。社会的経験のなかには、既存の理論にオルタナティヴをつきつけてくるような批評意識がつねに潜在しているのだ。さらにサイードは、理論と批評意識を厳密に区別することを提案し、批評意識を以下のように再定義する。「いかなるシステムや理論であっても、それが生じた状況、あるいは移動させられてきた先の状況を完全に記述しつくすことはできないという事実を認識すること」。「理論への抵抗を認識すること、理論と相容れない具体的経験や解釈によって引き出される、理論への反抗を認識すること」（WTC 242

／三九三）。
『世界、テクスト、批評家』の序文「世俗批評」であらためて注目したいのは、批評意識がフィリエーション・アフィリエーションの概念とどう関係するのか説明されている箇所である。本書第二章でも触れたとおり、この序文ではフィリエーションは家族をモデルとする伝統的な共同体、「養子縁組」を意味するアフィリエーションは近代社会における個人的な契約関係として定義されている。しかしサイードは、近代化のプロセスを単純にフィリエーションからアフィリエーションへの移行とみなしているのではない。彼が注目するのはむしろ、二〇世紀以降には両者のあいだに緊密な相互作用がみられるという点だ。

　サイードによれば、フィリエーションからアフィリエーション、すなわち「自然」から「文化」へと移行する過程において、後者はしばしば前者の権力構造を模倣し、再現する――「そのように現前するアフィリエーションの秩序は、閉鎖的で固く結ばれた家族構造をひそかに複製し、世代間の階層関係を保全する」（WTC 21-22／三四）。つまりアフィリエーションとは、社会がふたたび疑似共同体化することによって、文化が形成されるプロセスであるといってもよい。さきにも指摘したが、サイードはウィリアムズとは異なり、「文化」という語を排除の論理に支えられた概念として否定的にとらえる傾向が強い。「世俗批評」で文化の問題を論じる際に、サイードが念頭においているのはマシュー・アーノルドの定義する文化の概念だ。サイードは、アーノルドが文化と社会を同一視している点、および社会を安易に国家と等式で結んでいる点を厳しく批判する。ここでサイードの解釈するアーノルド的文化は、強制と同意を組み合わせて成立する支配的イデオロギー、すなわちヘゲモニーの概念に非常に近くなっている。

フィリエーションとアフィリエーションの関係をどう認識するか——批評意識が関与するのはまさにこの部分である。多くの場合、批評家はアフィリエーションによってかたちづくられた人文学の支配的文化を正当化し、権威づけする役割を担っている。サイードがしばしば学問共同体を前近代的な職人共同体を意味する「ギルド」と呼ぶのは、それがフィリエーションをみごとに模倣するアフィリエーションの形態をとっていることを強調するためだ。しかし、サイードは批評家にとっての第二の選択肢を以下のように示している。何よりもまず、フィリエーションとアフィリエーションの違いを認識すること。次に、アフィリエーションはたんにフィリエーションを模倣することもあるが、その代わりに集合性のまったく新しい形態をつくりだすこともできることを、批評をつうじて示すことだという（WTC 24／三八）。ここで示唆されるように、サイードはあくまで「養子縁組」という比喩言語をもちいつつも、アフィリエーションに既存の共同体モデルを超える可能性を見いだそうともしていた。

### アカデミアからパレスチナへ

『世界、テクスト、批評家』に収録された論考のなかでサイードが批評意識や共同体を論じるのはたいていの場合、文学批評や文学理論、学問制度や学問共同体を批評する文脈においてである。しかし、これらの論考のなかでサイードが提起した問いをアカデミアの内部での自己批判としてのみとらえるとすると、そのこと自体がサイードの批評を学問制度の小宇宙に閉じこめて形骸化してしまうという、彼が

「旅する理論」で指摘した誤謬を犯すことになる。サイードの共同体論や物象化理論の再解釈といった試みは、むしろ同時期に彼がかかわっていたパレスチナ解放のためのさまざまな活動のなかで生まれ、練りなおされていったと考えるほうが正しいように思う。

『世界、テクスト、批評家』と前後して、サイードはパレスチナに直接かかわる著書を二冊上梓している。一九七九年刊行の『パレスチナ問題』は、一九七七年から七八年にかけて執筆されており、同書の前半では『オリエンタリズム』と同じ言説分析の手法が一九世紀末以降のシオニズムの分析に応用されている。『パレスチナ問題』ですでにサイードが、シオニズムを植民地主義としてとらえつつも、その根本原理が土地の収奪とパレスチナ人の排除であると繰り返し指摘していることは、現代のパレスチナの状況を考えるうえでも重要だろう。[*29] 一方、パレスチナ人の民族自決を訴える同書の第三章では、シオニズムによって抹消されたパレスチナ人の声と主体性を回復しようとする試みがみられ、最終章では、七八年のキャンプ・デイヴィッド合意（この合意によってイスラエルはエジプトと和解し、第三次中東戦争で占領した地域のうちシナイ半島がエジプトに返還されたが、ガザと西岸地区は引き続きイスラエルの占領下におかれた）が分析、批判されている。このように同書の後半部は、『オリエンタリズム』直後にサイードがすでに『オリエンタリズム』とは別の方向性を模索しはじめていたことを示唆している。

『世界、テクスト、批評家』の刊行前後に執筆を開始したと思われる『パレスチナとは何か《アフター・ザ・ラスト・スカイ》』（一九八六年）は、『パレスチナ問題』では言語化しきれなかったと思われる、民族共同体をめぐるサイードの複雑な思索の過程があきらかにされているという点で興味深い。もう一つ、本章が注目したいのは、『オリエンタリズム』ではマルクスを一九世紀のオリエンタリストの系譜に連ねて批判的な距離を保っていたサイードが（O 153-156／上 三五一―三五八）、「旅する理論」でのマルクス主義の再発見を経て、『パレスチナとは何か』ではマルクス主義理論をパレスチナの現実のなかで思考しなおそうとしている点だ。いわばサイードは、ルカーチをウィリアムズ経由で旅をさせたのちに、みずからの社会的経験のなかへと着地させようとしたのである。

厳密にいえば『パレスチナとは何か』はサイードの単著ではない。むしろ複数の作者と「はじまり」によって成り立つ共同体的《コミュナル》な作品と考えるべきだろう。サイードの書いた序文によれば、この本の「はじまり」の一つは一九八三年、彼がＩＣＱＰ（「パレスチナ問題にかんする国際会議」）の相談役として国連にかかわっていたときに、ジュネーブの会議場のエントランス・ホールにパレスチナ人の写真を展示することを提案し、ジュネーブ出身の写真家ジャン・モアを推薦したことである。[*30]ちなみに、その前年にはイスラエルによるレバノン侵攻によってＰＬＯがベイルートから撤退しており、『パレスチナとは何か』には後記として、「ベイルート陥落」と題された論考も収められている。

一九八三年から八四年にかけて国連の支援で中東に赴いたモアはすばらしい写真を撮影してきたが、国連側は写真に地名以外の文言を加えてはならないと要請してきた（こうした意見をつけてきたのは主としてアラブ諸国の側だったことも、サイードは序文で明かしている）。この一件ののち、サイードはモアの写真にテクストをつけて「パレスチナ人についてこれまでに語られたことのないことを語る」プロジェクトを開始することになったという。モアは序文で、一九八〇年代前半のこの時期、アメリカの写真家仲間からパレスチナ難民を題材にするのは時代遅れと言われたと述べているが、同書が刊行された翌年末（一九八七年）に第一次インティファーダ（パレスチナ人による民衆蜂起）がはじまり、パレスチナはふたたび国際世論の注目を集めることになる。その意味において、同書は八〇年代のパレスチナにかんする、公に語られる歴史の空白部分を埋める役割も果たしている。

ただし、『パレスチナとは何か』をサイードとモアによる共著とみなすだけでは、まだ何かが足りない。そもそも写真の「作者」とは誰のことなのか。被写体であるパレスチナ人たちは、写真に撮られることを許可した時点で、この本の成立にかかわる共著者の一人なのではないだろうか。執筆当時、サイード自身はパレスチナ民族評議会のメンバーだったためにイスラエルに入国することはできなかったが、[*31]同書におけるサイードのプロジェクトとは、自身が直接接触することができない人びとの写真群をみずからのテクストでつなぐことによって、パレスチナ人共同体を物語として立ち上げることだったようにも思えなくはない。

けれども同時に、サイードはパレスチナ人という民族共同体《ネイション》をテクストによって再形成することにたいして、みずから抵抗を示しているようにも思える。ナクバ（一九四八年のイスラエル建国）以後、パレスチナ人はイスラエル領土内に留まった人びと、イスラエル占領下のガザ・西岸地区に（多くは難民として）居住する人びと、イスラエルおよびその占領地区の外部に難民・亡命者として住む人びとに分かれていたが、それらのパレスチナ人をふたたび共同体へと再編しようとする試みは、典型的なアフィリエーションの実践だといえる。だがサイードは、シオニズムのような単一かつ強力なネイション神話をつくりだすことによってフィリエーションを模倣することを拒んでいるようだ。『パレスチナとは何か』のなかでサイードは、「わたしたちはいつ「人民」になったのか」「わたしたちは人民になりつつあるのか（人民になるプロセス上にあるのか）」という問いを発しているが（ALS 34／五六）、同書のなかでサイードは、パレスチナ人というネイションを生成途上でいったん宙づりしているように思われる。当時のサイードはＰＬＯを支持し、パレスチナ国家の樹立を目指していた。『パレスチナとは何か』のなかではヤーセル・アラファートにたいして、ばらばらにされたパレスチナ人を一つにまとめ上げようとする人物であるとして最大限の賛辞を贈っている。ただし、この後サイードは和平交渉をめぐってアラファートと対立し、オスロ合意以降ははっきりとＰＬＯとは路線を変更して、イスラエルから領土的に分離独立したパレスチナ国家の建設ではなく、同じ領土内にパレスチナ人とイスラエル人が共存する二民族国家の実現を理想として掲げるようになっていく。『パレスチナとは何か』にみられる国民国家への懐疑的な姿勢――国民国家こそはフィリエーションを模倣するアフィリエーションの典型例だから――は、一九九〇年代以降のサイードのパレスチナ論を予感させるものでもある。

　サイードの他のパレスチナ関連の著作と比べたときの『パレスチナとは何か』の重要な特徴は、形式そのものにおいて「生成途上の共同体」を具現化しようとしている点である。写真とテクストの組み合わせというメディア・ミックスによる作者の複数化と作者性の攪乱も、そうした試みの一つだといえる。あるいはまた、サイードのパレスチナ人を表わす人称代名詞の使い方にも注目したい。「わたしたち」「あなたがた」「彼（女）ら」などと文脈に応じて使い分けられており、サイードは安易に自身とパレスチナ人全体とを同一視することはない。「わたしたち」パレスチナ人という主語が使われるのは主として、政治的な発言を行う集合的主体が必要とされるときである。写真と写真のあいだを蛇行するサイードのテクストそのものも奇妙なものだ。テクストはかならずしも写真を説明してはいない。あたかもサイードは、写真に写る事物や人から想起される何かしら関連する政治的・文化的事象、小説や映像作品、あるいは自分自身の過去の記憶などを思いつくままに書き連ねているかのようだ。サイードによれば、パレスチナ人は民族の歴史を禁じられているため、物語はしばしば逸脱と蛇行を繰り返し、真の意味は暗号化されたり「とんでもない形式」をとったりするという（ALS 20／三八）。パレスチナ人にかかわる言説は雑然として中心を欠いた無調音楽に喩えられることもある（ALS 129／二一八）。『パレスチナとは何か』はそのようなパレスチナ的テクストの実践例でもあるのだ。

しかしサイードは、パレスチナ問題を物語《ナラティヴ》の（不）可能性というレベルでのみとらえているわけではない。「旅する理論」でのマルクス主義理論の再解釈を経由して『パレスチナとは何か』を読みなおすと、サイードがパレスチナの現状を（グローバル）資本主義と物象化の問題としてとらえなおそうとしていることがわかる。『パレスチナ／イスラエル論』（二〇二〇年）で早尾貴紀は、一九六九年の第三次中東戦争でイスラエルに占領されたガザ・西岸地区では産業発展が制限されたために失業率が高まり、両地区はイスラエルにとって安価な労働力の供給地として利用されることになったと述べている。早尾によれば、こうした典型的な植民地状況は第一次インティファーダまで続き、その期間はパレスチナ人労働者とイスラエル人雇用主のあいだの「蜜月時代」といわれることもあったという。[*32]

あらためてモアの撮影した写真を見てみると、そこに写っているのはパレスチナ人だけではないことに気づかされるだろう。しばしば写真を印象づけているのは、写りこんでいるさまざまなモノたちだ。パレスチナ人の住居のなかを写した写真については、サイード自身、「物《オブジェクト》が多すぎる」と述べている（ALS 60／九八）。サイードのテクストを触発するのも、人間よりはモノであることも少なくない。たとえば『パレスチナとは何か』の第一章でいちばん最初にとりあげられる写真（図１）は、北レバノンのトリポリにある難民キャンプで行われた結婚式の場面を撮影したものだが、サイードがまず最初に注目するのは参列する人びとではなく、写真の左前方に斜めに写りこんでいるメルセデス・ベンツだ。密輸品と思われる中古のベンツには、ドイツを表わすＤのマークがついたままである。サイードによれば、ヨーロッパでは超高級車であるはずのベンツはレヴァント地域ではもっともありふれた車だという。ベンツの存在は伝統的な生活への西洋の侵入の象徴でもありうるが、サイードはそれ以上に、「出どころも目的地

図１　©1986 Jean Mohr

もはっきりしない」ベンツがどこへ行っても「侵入者」として扱われるパレスチナ人、マフムード・ダルウィーシュの詩に描かれる、追い立てられて行き場を失った難民の姿を表わしているのではないかと指摘している（のちに詳述するが、原著のタイトルはこのダルウィーシュの詩「せまりくる大地」の一節である）（ALS 11／二〇一二）。

一九七九年にガザで撮影されたという、難民を労働力として使っている農園の写真（図2）に附せられたテクストも興味深い。写真の前方には収穫されたたくさんのナスが写っており、後方にはそのナスの梱包作業を行う人びと（おそらく家族と思われる）の姿がある。サイードの想像力をまず刺激するのはナスのほう

図2　©1986 Jean Mohr

だ。それはエミール・ハビービーのパレスチナ的エクリチュールの傑作とされる作品中の人物や、サイードが子どものころに家族とよく食べていたパレスチナ産のナス（「バッティール産のナス」）を想起させる（ALS 26-28／四六―四九）。ナスをめぐる個人的な思い出から、サイードは自身が幼少期を過ごした果樹園や畑で育った果物や野菜が、いまではイスラエルの輸出会社によってヨーロッパの市場で売られていることへと思考を巡らせる。ここではじめて、サイードはナスの梱包を行っている労働者に目を向けている。

土地と農民は労働をつうじて結びつけられているが、そこから生産されるものはつねに他の人びとのためのものであり、どこか他の場所で消費されることを運命づけられている。こうした洞察が力をもつのは、カルメルと書かれたボール箱や丁寧に包装されたナスが、パレスチナ一帯に広がる肥沃な土地とパレスチナ人の忍耐強い労働力を支配している権力の象徴であるからだけではない。それはまた、こちら側にいる私と、そちら側の現実とのあいだの断絶がいま、パレスチナ

についての私の消えかかった記憶と経験よりも、ずっと説得力あるものと感じられるからだ。（ALS 28／四九）

農業労働者は農業をつうじて土地に結びつけられているようにみえるが、実際のところそこで生産されるモノは、遠く離れたところにいる他者が消費するための商品だ。明言はしないものの、難民による農作業は疎外労働であること、パレスチナの現実は植民地支配にほかならないことをサイードは示唆している。ナスは肥沃な土地とパレスチナ人の労働力を支配する権力を象徴するとともに、いまやイスラエル産としてパッケージ化されたナスを消費することによってパレスチナ難民とかかわることになった亡命知識人が、いかに難民たちの現実と断絶しているかを表わしてもいる。亡命知識人もまた、植民地支配とグローバル資本主義の恩恵を享受する側にいるのだ。

『パレスチナとは何か』で、サイードが農業労働者に注意を向けている箇所はほかにもある。第三章の冒頭では、モアが一九七九年に撮影した、農作業をする人びとの写真が三枚とりあげられている（図3）。三枚の写真はそれだけ見れば、パレスチナ人の写真かどうかはわからない。アラブ世界のどこでもよい、歴史を超越した〈悠久のオリエント〉に暮らす農民の姿を写したもののようにも見える。しかしサイードは、ここではっきりと、写真のなかで行われる農作業は土地との伝統的なつながりを喪失したパレスチナ人労働者によるものであること、その労働がみずからコントロールできない疎外された労働であることを指摘している（ALS 92-93／一五〇―一五四）。

一言でいえば、サイードはこれらの写真のなかに物象化された世界を見ている。土地から切り離された難民は、彼（女）らが生産する商品と同じように主体性を奪われた客体《オブジェクト》と化している。それらの商品

図3　©1986 Jean Mohr

こそが難民の姿を体現している。同時にそれらの商品は、アメリカ合衆国に居住する知識人であるサイードが難民たちとのあいだにもちうる数少ない接点の一つである。その意味では、『パレスチナとは何か』における究極の客体とは、彼が同書を書くときに手にしていた写真のことだったのかもしれない（サイードは写真を「表象」と呼ぶが、フィルム写真はきわめて物質的な存在だともいえるだろう）。サイードにとってパレスチナ人の写真は、しばしば自身と彼（女）らとの距離を表わしている。その写真を見るサイードは、写真に写る人物が自身の知人であったとしても、家族に指摘されるまで気づかないことさえある。[*33]

　とすれば、資本主義システムによる物象化された世界を抜け出すための批評的な意識を、モアが撮影した写真のなかの人びとに見いだすことは不可能なのだろうか。いや、おそらくそうではない。サイードがしばしばとりあげる、カメラ越しに写真家と写真を見る者とを見つめ返してくる人物の写真は、そうした意識の萌芽を彼がとらえようとしていた証のように思える。たとえば「過去と未来」と題された最終章の冒頭でとりあげられる、西岸地区のラーマッラーで一九八四年に撮影された年配の男性の写真（図４）がある。男性はカメラを見つめて微笑んでいる。男性の表情には悪意はない。しかし、彼がかけている眼鏡の片方のレンズには大きくヒビが入っている。男性はなぜ壊れた眼鏡をかけたままで撮影されることに応じたのだろうか。男性自身はもう片方のレンズをとおして十分な視界を確保しているのだとしても、写真を見る者は動揺を感じずにはいない。

　サイードはこの男性の写真を「奇妙に均衡のとれた不均衡」と呼び、さらにそれが「意識における不均衡」であるともいう（ALS 129／二一七）。この世界におけるパレスチナ人というアイデンティティに完全に調和することを拒否する何か――これこそが、システムに抵抗し、そこからの逸脱を企てようとす

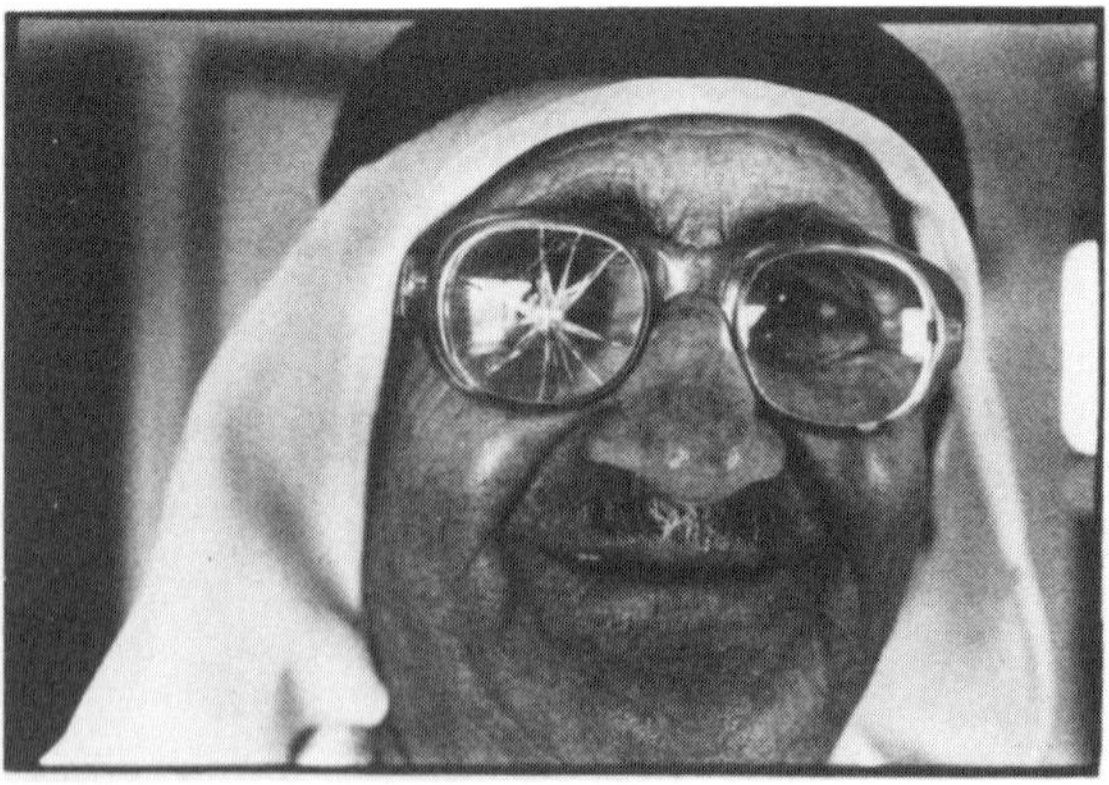

図４　©1986 Jean Mohr

る批評意識の現われなのではないか。そしてこの『パレスチナとは何か』という本は、あらたなパレスチナ人の共同性をつくりだすアフィリエーションのプロジェクトを、こうした人びとと協働して「はじめる」ことではなかっただろうか。

『パレスチナとは何か』執筆時のサイードは、パレスチナの未来にけっして楽観的ではないが、完全に絶望しているわけでもない。原著のタイトルと、おそらくそのタイトルにちなんで原著初版の表紙に選ばれた写真は、その意味で非常に示唆深い。さきにも指摘したとおり、原著のタイトル after the last sky はダルウィーシュの詩の英訳の一節「最後の空が果てたなら、鳥たちはどこを飛べばよいのか」からの引用である。パレスチナ人「わたしたち」が最後の空が果てたあと《アフター・ザ・ラスト・スカイ》で行き場を失う鳥たちに喩えられている。鳥に喩えられた「わたしたち」は、もはやそれ以上は飛翔することはできない袋小路に追いたてられているが、詩の結末は次のようになっている。

わたしたちはここで死ぬ、この最後の通り道で。ここでも、ここでもわたしたちの血はオリーブの木を植えるだろう。[*34]

死んだ「わたしたち」の血から生まれるオリーブの木は、きわめて両義的だ。死からの再生という一抹の希望が託されているようにも読めるが、オリーブの木が象徴する「平和」があくまでパレスチナ人の犠牲のもとに生まれるというアイロニーを読みとることもできる。一方、サイードが選んだと推測される初版の表紙の写真（図5）は、ラーマッラー近郊で撮影された「救助された小鳥」と題される一枚だ。カメラに向かって笑顔を浮かべる子どもの指に、小鳥が一羽とまっている。小鳥はまだ幼鳥のように見え、弱ってもいるようだが、それでもなお、これから飛び立とうとしているかのようだ。子どもと小鳥の組み合わせが生

図5　©1986 Jean Mohr

む動的なイメージはダルウィーシュの詩ほどのアイロニーは感じさせず、未来への希望を具現化しているように思える。

＊1　Timothy Brennan, *Places of Mind: A Life of Edward Said* (Bloomsbury Publishing, 2021) p. xiv. もちろん、「ほぼ独力で」というのはブレナンの主観的表現にすぎない。アメリカで一九七〇年代から八〇年代にシオニズムに反対していた著名な知識人には他に、言語学者のノーム・チョムスキーがいる。政治経済学者サラ・ロイは、一九八六年に『ガザ回廊』第一版（*The Gaza Strip: A Demographic, Economic, Social and Legal Survey*）を刊行している。サラ・ロイの仕事については、早尾貴紀『パレスチナ／イスラエル論』（有志舎、二〇二〇年）二一四―二四六頁で詳細に解説されている。日本語で読めるロイの著作には、岡真理／小田切拓／早尾貴紀編訳『ホロコーストからガザへ――パレスチナの政治経済学』（青土社、二〇〇九年）がある。

＊2　Robert Young, *White Mythologies: Writing History and the West* (Routledge, 1990) p. 135.

＊3　たとえば、以下を参照。Stephen Howe, "Edward Said and Marxism: Anxieties of Influence," *Cultural Critique* 67 (Autumn, 2007) p. 69.

＊4　Brennan, *Places of Mind*, pp. 80–81.

＊5　Brennan, *Places of Mind*, p. 182, p. 193, p. 194.

＊6　Raymond Williams, *Politics of Modernism: Against the New Conformists* (Verso, 1989) p. 196.

＊7　Daniel G. Williams, "Introduction: The Return of the Native," Raymond Williams, *Who Speak for Wales? Nation, Culture,*

*Identity* (University of Wales Press, 2003) pp. xxv-xxvi, pp. xxix-xxxi.

＊8　Bashir Abu-Manneh, "Said's Political Humanism: An Introduction," Abu-Manneh ed., *After Said: Postcolonial Literary Studies in The Twenty-First Century* (Cambridge University Press, 2019) p. 8.

＊9　「感情構造」はウィリアムズ用語の一つであり、一九四五年の論考のなかですでに「特定の時代区分における共同体のあらゆる生産物が〔……〕本質的に関係づけられる」ありさまを記述するために使用されている。John Higgins ed., *The Raymond Williams Reader* (Blackwell, 2001) p. 33.

＊10　ジョス・ハンズはデジタル時代の「新しいマテリアリズム」におけるウィリアムズの重要性を主張する論文のなかで、「ウィリアムズにとっては行為主体と意図は変革と文化革命には不可欠の要素である」と述べている。Joss Hands, "From Cultural to New Materialism and Back: The Enduring Legacy of Raymond Williams," *Culture, Theory and Critique* 56:2 (2015) p. 135.

＊11　一九八五年版の序文によると、サイードは『はじまり』の主要な部分を一九六八年から六九年に執筆し、七二年から七三年の冬には全体をほぼ完成していた。それゆえ『はじまり』執筆時のサイードは、七〇年代半ばのウィリアムズの理論的著作にはまだ接していなかったと考えられる。にもかかわらず、八五年版序文のなかで、サイードはウィリアムズの自身への影響について触れている（B xiv／xii）。

＊12　W. K. Wimsatt Jr. and M. C. Beardsley, "Intentional Fallacy," *The Sewanee Review* 54:3 (1946) p. 470.

＊13　ロラン・バルト「作者の死」『物語の構造分析』花輪光訳（みすず書房、一九七九年）七九―八九頁。ミシェル・フーコー「作者とは何か」清水徹／根本美作子訳『ミシェル・フーコー思考集成III』（筑摩書房、一九九九年）二二三―二六六頁。「想定される作者（implied author）」は、構造主義的ナラトロジストであるウェイン・ブースが一九六〇年代に提唱した概念である。Wayne C. Booth,

*The Rhetoric of Fiction* (University of Chicago Press, 1961).

*14 Hands, "From Cultural to New Materialism and Back," pp. 136–137. この文脈においてハンズは「意図（intention）」と「意図性（intentionality）」を区別している。ハンズによれば、意図性が個人による特定の対象の焦点化を意味する現象学的概念であるのにたいして、ウィリアムズのいう意図は「意識的で自省的かつ計画された意思決定」を意味するという（p. 136）。この意味において、意図が意思決定の可能な人間的主体を想定する概念であるのは確かだが、ウィリアムズの社会モデルにおいては、複数の意図および行為体の相互作用が考慮されることによって他律性が担保されており、文学作品における「作者の意図」とは異なっている。

*15 Raymond Williams, *Television: Technology and Cultural Form* (Routledge, 1990) p. 7. レイモンド・ウィリアムズ『テレビジョン――テクノロジーと文化の形成』木村茂雄／山田雄三訳（ミネルヴァ書房、二〇二〇年）九頁。ウィリアムズはテレビにかんする二つの一般的な見解として、典型的なテクノロジー決定論（テクノロジーは偶発的である）のほかに、テクノロジーを社会変容のプロセスの媒介とみなす立場を挙げている。ウィリアムズは両者がともに社会をテクノロジーから抽出しているとして批判している（*Television*, p.6、『テレビジョン』八―九頁）。

*16 『キーワード辞典』（一九七六年）の項目には「意図」という語は挙がっていない。Raymond Williams, *Keywords: A Vocabulary of Culture and Society* (Fontana, 1988 [1976]). レイモンド・ウィリアムズ『完訳キーワード辞典』椎名美智／武田ちあき／越智博美／松井優子訳（平凡社、二〇一一年）。しかし、ウィリアムズが初期の著作においても意図を社会変化を推進する作用とみなしてきたのは確かだと思われる。『文化と社会』（一九五八年）には、マス・コミュニケーションにかかわる考察のなかで、コミュニケーションのプロセスを統括する決定要素として意図に言及される箇所

がある。『田舎と都会』では、意図という語はとくに注釈もなく文学的な意味と社会的な意味の双方でもちいられ、ジョージ・クラブやトマス・ハーディの意図について語ることもあれば、近代的な都市計画の背後にある経済システムを「その主要な意図において資本主義的」だと論じたりもしている。Raymond Williams, *Culture and Society: 1780-1950* (Columbia University Press, 1983 [1958]) pp. 303–304. Raymond Williams, *The Country and the City* (Oxford University Press, 1973) p. 294. レイモンド・ウィリアムズ『文化と社会——一七八〇—一九五〇』若松繁信／長谷川光昭訳（ミネルヴァ書房、二〇〇八年）二四九頁。『田舎と都会』山本和平、増田秀男、小川雅魚訳（晶文社、一九八五年）三八九頁。

*17 Raymond Williams, “Base and Superstructure in Marxist Cultural Theory,” *New Left Review* (Nov. 1, 1973) pp. 7–8.

*18 Williams, “Base and Superstructure,” p. 12.

*19 Williams, *Television*, p. 133. ウィリアムズ『テレビジョン』一九一頁。

*20 Williams, *Television*, pp. 132–33. ウィリアムズ『テレビジョン』一九一頁。

*21 Williams, *Television*, p. 133. ウィリアムズ『テレビジョン』一九一頁。

*22 Williams, “Base and Superstructure,” pp. 10–12. 社会における変化の潜在的可能性は、ウィリアムズのいう「感情構造」や「残滓的なもの」「勃興的なもの」の前提をなすものでもある。感情構造は歴史の形成とプロセスにかかわる生成的な構造であり、残滓的なものと勃興的なものは社会の変容プロセスにおける対抗的ないしオルタナティヴな文化実践を時間化して記述する用語であるといえる。

*23 Abdirahman A. Hussein, *Edward Said: Criticism and Society* (Verso, 2002) p. 90.

*24 フセインは他の個所で、文化の概念にかんしてウィリアムズがサイードに与えた影響については

指摘をしている。Hussein, *Edward Said*, pp. 172-179.

＊25　サイードがポピュラー音楽に無知であっただけでなく、しばしばポピュラー音楽を見下した発言をしていたことは、彼のエリート主義的側面を表わしていると批判されている。以下を参照。Wouter Capitain, "Edward Said on Popular Music," *Popular Music and Society* 40:1 (2017) pp. 49-60.

＊26　実際、サイードは「行為主体（agent）」や「行為主体性（agency）」よりは「作者（author）」や「権威（authority）」という用語を使うことが多かった。コナー・マッカーシーは「権威」がサイードにとっては非常に重要な概念であり、『はじまり』では純粋にテクスト的な概念だったものが『オリエンタリズム』では政治に結びつけられるようになったと説明している。Conor McCarthy, "Edward Said and Authority: From Conrad to *Orientalism* and Beyond," *Ariel* 51:4 (2020) pp. 33-64.

＊27　『世界、テクスト、批評家』に収録された論考「反復について」でもサイードは「反復」の概念を主としてヴィーコに由来する生殖のアナロジーで説明するが、この論考ではすでにアフィリエーションという概念も使われており、『はじまり』以後にサイードが生殖という「自然」にたいしてより懐疑的になったことがうかがえる（WTC 111-125／一八五―二〇八）。

＊28　Raymond Williams, *Politics and Letters* (Verso, 1981 [1979]) p. 252.

＊29　サイードは、シオニズムには当初から安い労働力の搾取を目的とする通常の植民地主義とは異なる面があったと指摘している。たとえば彼は、イスラエル人ジャーナリスト、アモス・エロンの『イスラエル人』（一九七〇年）を引用して「アヴォダー・イヴリート」（ユダヤ人の労働）の概念を説明している。アヴォダー・イヴリートとはユダヤ人国家の建設はパレスチナ人の労働力の搾取なしに行われるべきだという主張であるが、その背景には、労働力の搾取がなければパレスチナ人はシオニストに反対できないという理屈があったという（QP 21-22／三七）。

*30　ジャン・モアは一九四九年から五〇年にかけて赤十字からの派遣によりレバノンやヨルダン川西岸地区でパレスチナ難民の救護活動に従事した経験をもつほか、第三次中東戦争後（六七年）およびキャンプ・デイヴィッド合意の翌年（七九年）にもイスラエルと西岸地区を訪れ、難民キャンプの状況の悪化を目撃している。『パレスチナとは何か』で使用されている写真は、モアが七九年と八三―八四年に撮影したものである。

*31　サイードは西エルサレムに生まれたが、一九四七年以来、ＰＮＣ辞任後の一九九二年までエルサレムを訪れることができなかった。サイードのエルサレム訪問の経緯については、一九九二年に書かれたエッセイ「パレスチナ／イスラエルへ帰る」にくわしい（PD 175-199）。このエッセイの日本語訳は以下に収録されている。エドワード・サイード『パレスチナへ帰る』四方田犬彦訳（作品社、一九九九年）五―五九頁。

*32　早尾『パレスチナ／イスラエル論』二一八頁。早尾はこうした「蜜月」状態が差別的な政策に基づいており、第一次インティファーダの引き金になったと指摘している。

*33　本書第一章七九―八〇頁を参照。

*34　Mahmud Darwish, "The Earth Is Closing on Us," Adnis, Mahmud Darwish, Samih al-Qasim, *Victims of a Map: A Bilingual Anthology of Arabic Poetry*, Abdullah al-Udhari trans. (Saqi Books, 2005) p. 13. 同書はアラビア語と英語の対訳形式で出版されているが、引用部分の訳出は英語から重訳している。

終章

# 人文学に〈新しさ〉は可能か

## 永遠に新しくあれ

わたしたちは日々、何かしら新しいものを追い求めて暮らしている。新しい思想や科学やテクノロジーは日夜生まれ続けている。二〇世紀のはじまりから現代にいたるまで、わたしたちは無数の新しいものを手に入れてきた。しかし、それらの発明品はたいてい、人間の歴史がある一方向へと走り続ける、そのスピードをますます加速させただけなのではないか。新奇性を称賛されるものが、人間の歴史に方向転換をうながすほど新しかったことはあっただろうか。

人類の歴史上いつの時代にも、これまで存在していたものから逸脱し、新奇さを求める者はいただろう。しかし近代資本主義の時代になると、新しさの追求は至上命令となった。永遠に新しくあれ。「新しくあること」と「永遠に持続すること」とは、常識的には両立しない。新しいものは、いずれ古くなってゴミと化す運命にある。それでも資本主義のシステムの歯車を回すために、人間はこの二律背反を生きることを強いられてきた——運命に抗い、新しさを不断に更新し続けねばならないのだ。近代以降、わたしたち人間は自然の物質代謝の許容度をはるかに超える量のゴミをまき散らし、大気と水と土壌を汚染し続け、皮肉なことには、そうすることによってあらたな災害や疫病までもみずからつくりだしてきた。今後も未知の感染症のパンデミックは起こるだろうし、「史上もっとも暑い夏」は毎年アップデートされ、台風はますます巨大になり、ますます頻繁にわたしたちの街を襲うだろう。資本主義の歯車、最先端のテクノロジー、そして国家という暴力装置がすべて結びついたとき、その行きつく先は戦争だ。わたしたちは最新兵器を開発しては、人間とその他の生物たちを無差別大量に殺戮し、無生物も人工物もすべてぶち壊していくような戦争を繰り返してきた。あらゆる古いものを破壊せずに〈新しさ〉は生まれない、とでも信じているかのように。

いつしか人間は、〈新しさ〉を追い求めることに疲れてしまったのかもしれない。歴史は反復する。言語は牢獄だ。すべては表象であり、シミュラークルだという。ポストモダンの時代を通過したあとで、わたしたちは真の意味での〈新しさ〉を手に入れるのは諦めたようだ。にもかかわらず、わたしたちの住まう二一世紀にあっても、新しくあることにはまだ十分な価値がある。革命によって歴史を刷新しようとする代わりに、わたしたちはあいかわらず最新の、すなわち明日にはゴミになってしまうかもしれない何かを手に入れようと、日々あくせくしている。もちろん、その「何か」がもはやかたちのある物質だけではなく、スマートフォンの画面をスクロールするたびに映し出される、ヴァーチャルな「何か」であったとしても。

そうはいっても、人文学こそは〈新しさ〉とは無縁の学問だと、一般には思われている。人文系の諸学問が依って立つ基礎は、テクストを読むことだといわれる。わたしたちは未来に書かれたテクストを読むことはできない。テクストはつねに過去に書かれたものなのだから、読むこととは必然的に、〈新しさ〉を生み出すというよりはむしろ過去を掘りおこす行為である。過去に書かれたテクストを読んでいるだけで、未来をつくりかえるような斬新な思想に到達することなどできるのだろうか。実際、人文学者の多くは、そんな大それたことは考えていない。人文学者はたいてい、現代よりは過去の時代に生きていたかったと願うような人たちであって、もとより未来にはほとんど関心がないように思える。デジタル・アーカイヴというテクノロジーの恩恵を受けて、人文学者たちはかつてないほど幸せそうに、過去のテクストを読むことに没頭している。

もちろん、新自由主義化された学問制度の内部では、また別の意味の〈新しさ〉が価値をもっている。そこでは〈新しさ〉は、個々の学者、研究者の業績の卓越性を評価するための測定基準であり、独創性《オリジナリティ》などと言い換えられている。[*1]文学作品を読んでいままで誰も考えつかなかった、けれども十分に説得力のある解釈を発見するなら、それは「独創的な読解」だと称賛されるだろう。それだけならよい。しかし現代では、ことさらに独創性や新奇性をアピールすることが、研究助成金やアカデミック・ポストの獲得に必要不可欠となっている。さらにいうと、いまでは人文系の研究者の多くが新自由主義的な評価基準を内面化した人的資本《ヒューマン・キャピタル》と化しており、物質的な利益があろうとなかろうと、つねにやっきになって先行研究をこき下ろし、自分の研究がこれまでに誰も試みてこなかった斬新なものであると執拗に訴え続けている。批評《クリティーク》の矛先はテクストそのものよりはむしろ、ライバルとなる他の研究者へと突きつけられる。フランソワ・キュセが描いたアカデミアの地獄絵図を思い出そう――「こうした戦いに勝つためのただひとつの基本原則は〔……〕独創性を獲得することである。そのための基準となるのは、ライバルとなる研究者を払いのけ、有名な同僚の主張を時代遅れのものにする能力、今ある研究分野のあり方から逸脱し、その分野においてこれまでほとんど使われてこなかったがゆえに最も効果的な概念を最小限の努力で見つけ出し、それを突きつける能力だけである」[*2]。いやむしろ、学問研究なんてむなしい卓越性競争にすぎないとうそぶくニヒリストこそが、競争の究極の勝者なのかもしれないのだが。

　現代の学問制度においては、独創性とは「個人化された新奇性」というほどの意味にすぎないようだ。独創性が個人に紐づけられるのは当たり前なのだろうか。科学実験やフィールドワークとちがって、テクストを読むことはきわめて個人的な営為であるようにも思える。しかし、ほんとうにそうだろうか。わたしたちが読んだり批評したりするテクストはしょせん、他人が書いたものだ。他人の書いたテクストに依拠した営みから得られた成果は、原理的に考えるならば、個人の独創性に帰することはできないのではないか。しかも、過去に書かれたテクストは、わたしたち自身が読む以前にすでに多くの先人たちによって読まれている。「わたしの読解には先行研究にはない新しさがある」といくら主張したところで、個人の読解は先人たちの読解の積み重ねのうえに成立している。先行研究を批判しつつ、実はこっそりいろんなものを拝借している。そもそも個人の独創性は先行研究を否定する身振りによってしか証明しえないという意味で、すでに十分に先行研究に依存しているではないか。[*3]

　そして、わたしたちが研究室にこもっておのおの独創的な論文を生産するのに夢中になっているあいだに、キャンパスの別の場所で開発された最新の科学技術が軍事転用されて、またあらたに、世界のどこかに、死体と瓦礫の山をつくりだしつつあるかもしれないのだ。

### 言葉への愛

エドワード・サイードはその最晩年の論考の一つ、「文献学への回帰」（二〇〇四年）で、「テクストを読むこと」における個人と共同体との関係を、イスラーム解釈学の伝統に照らして次のように説明している。

> イスラームにおいてはクルアーンは〈神の言葉〉であるから、繰り返し読まれねばならないとしても、完全に理解することは永遠に不可能である。しかし、それが言語で書かれているという事実がすでに、何よりもまずその文字どおりの意味を理解すべく努めねばならない、という義務を読者に負わせている。同時に読者は、自分たちの前に他の人たちも同じ難題に取り組んだということをしっかりと認識している。つまり、他者の存在は証言者《ウィットネス》たちの共同体であり、現代の読者がそうした共同体を利用できるということは一連の鎖のようなかたちで維持され

> ており、各々の証言者はある程度は先行する証言者に依存しているのである。この相互依存的読解のシステムは「イスナード」と呼ばれている。共通の目標はテクストの地盤とその原則、すなわちウスールへと近づこうとすることである。しかしながら、そこにはつねに個人の深い関与《コミットメント》と並々ならぬ努力といった要素もなくてはならない。そうした個人の関与と努力は、アラビア語で「イジュティハード」と呼ばれている。（アラビア語の知識がなければ、イジュティハードがいまでは悪名高い語になってしまったジハードと同じ語源に由来することを知るのは困難だろう。ジハードの主要な意味は聖戦ではなく、むしろ真実を求めるために行う精神的な努力のことである。）（HDC 68-69／八五―八六）

クルアーンの読者は個人的な努力によってテクストを精読するが、個人の読書はつねに先行する他の読者たちの読解に依存している。テクストの「証言者」なる読者たちは一つの共同体であり、それは互いに互いの読解を参照しあう、相互依存システムを形成している。テクストを読んで神の言葉を理解することは、抑制と規律をともなう集合的な事業でもある。

クルアーン解釈の伝統においては、この「イジュティハード」と呼ばれている個人の精読行為がどこまで許容されるべきかが論争の的になってきたという。一方、サイード自身は、個人的な精読と共同体的な解釈はどちらも人文学にとっては欠かせないものであり、その和解なき葛藤状態を維持することが必要だと考えている。また、サイードの議論の展開のなかで、この二つの読書のありかたは、それぞれテクストの美的な受容と歴史的な解釈におおむね対応している。美的テクストは歴史性を免除されているわけではなく、個人と共同体、あるいは美と歴史は、どちらも人文学の実践には欠かすことができないと、サイードは繰り返し主張する。

そうはいっても、文献学《フィロロジー》の原義である「言葉への愛」をとりもどそうと訴えるこの論考の趣旨が、テクストの美的受容を再評価しようというものであるのは確かだ。いうまでもなく、こうした主張はまったく新しいものではない。とくにこの論考前半部分のサイードは、政治的批評が台頭する以前、批評における個人の読解の卓越性を重視するような、きわめてエリート主義的な美的批評の時代への回帰を促しているかのようにさえみえる。「文献学への回帰」がもともとはアメリカのリベラル・ヒューマニズムを代表する批評家、ライオネル・トリリングの名前を冠した連続講演の一部だったことも、そのような印象を強める一因になっている。

晩年のサイードは、むしろ「新しくあること」には背を向けようとしていたのだろうか。論考の冒頭でサイードは、今日の学界では文献学はもっとも「セクシーではない」学問だと認めている（サイードはその古臭さを払拭するため、ニーチェも文献学者を自認していたと指摘するのだが、現代の読者にとってはそのニーチェですら、ちっともセクシーではないかもしれない）（HDC 57／七一）。サイード自身、かつて『オリエンタリズム』（一九七八年）では一九世紀の文献学者たちを手ひどく批判していたはずだ。そのサイードが文献学への回帰を訴えるとなると、自己矛盾ないし保守化の兆候と受けとめられかねない。[*4] もっともサイードはつねに美的なテクスト（いわゆる正典《カノン》作品）を好んでいたし、『オリエンタリズム』においてでさえ文学的形式のある種の特殊性や優越性を認めていたから、晩年になってことさら保守化したわけではないだろう。たとえば同書のなかのT・E・ロレンス論を読むと、サイードがロレンスの著作の物語性に、硬直化したオリエンタリズムのヴィジョンを乗り越える可能性をみていたことがうかがえる（O 240／下 九四―九五）。

だが、「文献学への回帰」におけるサイードの主張の意義を理解するためには、それがどのような現実のなかでなされたものであるかを知る必要がある。サイード自身の説明によれば、当時アメリカの学界では、精読の偏重はセクシズムやレイシズムと同じように「リーディズム」として批判されていた。あまりに読むことに集中しすぎ、一語一語を注意深く読むような読みかたをしていると、逆に権力や権威の構造を見抜くことができず、あっさり騙されてしまうというのだ。サイードはこのような考えかたを一蹴する。テクストをすばやく表面的に読んで、すぐさま権力構造の一般的な批判に飛びつくような読書態度は、「あらゆる人文学の実践の永続的な基盤を放棄すること」だと断言する（HDC 61／七六）。

　そしてもっとも意外でもあり、おそらく皮肉でもあるのだが、「言葉への愛」をとりもどし、「読むこと」という営為に人文学の可能性を賭けようとした晩年のサイードは、二一世紀の人文学における新しい動向のなかに位置づけることができる。

その背景には、サイード自身が「旅する理論」ですでに指摘していたように、ポスト構造主義が米国の学問制度のもとで形骸化しつつあったこともあるだろう。二〇一〇年代以降は「ポストクリティーク」という一つの潮流となった議論の起爆剤となったのは、ブリュノ・ラトゥールの挑発的な論考「批判《クリティーク》はなぜ力を失ったのか」だとされている。[*5] 二〇〇四年に『クリティカル・インクワイアリー』誌に掲載されたこの論考で、ラトゥールは次のように提案している。あらゆるものに猜疑心を抱き、幻想（イデオロギー）やフェティッシュを糾弾し、ただ批評家のみが「つねに正しい」ことを前提とするような批評《クリティーク》＝批判の代わりに、より現実主義《リアリスト》的な選択肢をとること。クリティークによって世界を小さく還元してしまう代わりに、この世界のありのままの豊穣さ、人間だけではなく人間ではないものまでを含みこんだ世界の複雑さを肯定し、受け入れること。

「皮肉でもある」というのはもちろん、サイードと（彼が創始者となったといわれる）ポストコロニアル批評は、ポストクリティークの支持者たちからみれば悪しきクリティークの典型であり、格好の標的だからだ。クリティークの系譜はマルクス、フロイト、ニーチェに遡るとされ、現代思想においてはとくにフーコーが槍玉にあがることが多い。[*6] 本書ですでにみてきたとおり、サイードがこれらの思想家の影響を直接ないし間接的に受けてきたのはまちがいない（マルクスやフーコーほど影響が指摘されることは少ないが、『はじまり』ではフロイトやニーチェにも頻繁に言及されている）。[*7] また確かに、「近代」や「社会」といった概念を否定し、無生物を含めた人間ではないもの（非−人間）を歴史のアクターに含めるラトゥールの思想は、サイードの人文主義《ヒューマニズム》へのこだわりとは真っ向から対立するように思われる（ヒューマニズムとはつまり、人間主義だともいえるのだから）。ポストクリティーク論者たちのダジャレやユーモアを交えた語り口に比べて、サイードの文章は――好きなクラシック音楽を論じているときでさえ――たいていはまじめで、ユーモアよりは辛辣な皮肉のほうが多く、ときには怒りや攻撃性を帯び、そうでなくてもつねにどこかしら緊迫感《テンション》が漂う。何よりもまず、サイードの自己認識はあくまで批評家であり、けっして批評を手放すことはなかった。

しかし、ポストクリティークはかならずしもクリティークとの断絶を意味するのではない。少なくとも「ポストクリティーク」という用語の提唱者であるリタ・フェルスキの議論をたどるなら、ポストクリティークはまさにクリティークのなかから生まれてきたこと、両者が相互依存関係にあることがみえてくる。フェルスキが参照しているイヴ・セジウィックの「修復的読解」は、クリティークすなわち「パラノイア的な読解」によって断片化されたものをつなぎ合わせ、全体性を回復しようとする試みとして定義されるが、そのような全体性は、パラノイア的読解以前にあらかじめ存在していたわけではない。修復とはつまり、パラノイアへの対処策としてあらたに全体性をつくりだそうとする動きであり、つねに未完のままに終わるプロセスである。[*8] 一方、フェルスキはポストクリティークの重要な特徴として歴史文脈主義の否定（「歴史はボックスではない」）を掲げるが、そのような反文脈主義は、理論の移住性、文化翻訳、シンクレティズムなど、ポストコロニアル研究のなかで展開されてきた諸概念と密接なかかわりがあるとも指摘されている。[*9] そもそもセジウィックやフェルスキは、サイードと同じように、一九九〇年代以前には政治的批評の旗手だった。セジウィックは『男どうしの絆』（一九八五年）などで知られるクィア理論の先駆者であり、フェルスキもフェミニスト批評関連の著作が多数ある。このことを考えれば、彼女らの議論がけっして政治から切り離された美学批評を目指すものではなかったのは確かだろう。[*10]

晩年のサイードもまた、圧倒的な権力の暴力を目の当たりにしながらも、権力を批判するための定式化したクリティークの言説を踏み越えようとする言葉への愛、テクストへの愛をとりもどそうとしていた。もちろん彼は安易にクリティークを乗り越えるのではなく、あえて「和解なき弁証法」や「不協和音」といった言葉遣いを選ぶことによって、愛の言説をも絶対視することは回避しようとした。「ポストコロニアル」にたいしてですら懐疑的だったサイードは、たとえ今日まで生きていたとしても、「ポストクリティーク」などという新奇な用語に飛びつくことはなかっただろう。

とはいえ、ラトゥールの「批判はなぜ力を失ったのか」とサイードの「文献学への回帰」にはもう一つ、重要な共通点がある。二つの論考は同時期に執筆されており、当時起こった一連の惨事を議論の前提として共有している。すなわち二〇〇一年九月一一日に起こったアメリカ合衆国同時多発テロ、そしてそれに続くアメリカ主導の一連の軍事行動だ。ラトゥールの論考は二〇〇三年四月七日にスタンフォード大学で行われた講演原稿がもとになっているが、英米による対イラク戦争はその前月（三月二〇日）に開戦されている。ラトゥールは同時期のできごとについて具体的に言及しているわけではないが、テロリズムと戦争はクリティークが力を失う過程の背景として、あるいはクリティークの力の及ばない破壊的強度をもつ現実として、比喩やイメージのかたちをとって何度も立ち現われている。

サイードの論考のほうは、もともとは二〇〇〇年にコロンビア大学で行われた連続講演の一部だったものだが、二〇〇三年に改稿された際にイラク戦争に直接言及する部分が加筆されたという。[*11] 集合的主体が国家権力と一体化し、サッダーム・フセインにたいする「わたしたちの制裁」に突入しようとするとき、サイードはこの「わたしたち」とは誰のことなのかと問いただす。この一人称複数代名詞はそもそも、ニュース番組のコメンテータが国務長官にたいして、イラクの民間人を多数犠牲にしてまで制裁を行うことの価値を問う文脈でもちいられているのだが、同じコメンテータが国務長官にたいして、同時期に起こっていた別の戦争についても質問していることを、サイードはもちろん見逃していない。サッダーム・フセインが大量破壊兵器を保持しているという（のちには事実無根と判明する）疑惑によってイラクを攻撃するというなら、「わたしたち」は当時、パレスチナ民衆の抵抗運動を圧倒的な軍事力によって弾圧していたイスラエルにたいしても同じ基準を当てはめて、イスラエルがもつ兵器について追及はしないのか（HDC 79／九八）。（いうまでもなく、二〇二二年二月以降、ロシアのウクライナ侵攻を強く非難しウクライナを支援してきた一方で、二〇二三年一一月現在、ガザを壊滅的に破壊しようとしているイスラエルには強い態度に出ないアメリカ、ヨーロッパ諸国、日本にたいしては、同じ問いを突きつけることができる――なぜロシアと同じ基準でイスラエルを裁かないのか。）

サイードのいう美的、個人的な精読は、このように恣意的に特定の人びとを犠牲にしかねない国家権力と結びつくような「わたしたち」を批判し、それに絡みとられまいと抵抗するのに必要な視座を与えてくれる。だからこそサイードは、さきに引用したように、あえてクルアーン解釈学をモデルをもちいて個人的精読と集団的解釈の関係を説明し、さらには当時の「わたしたち」の常識を攪乱し、場合によっては神経を逆なでするような語彙を選んでいる。クルアーンを徹底的に精読する個人の努力はアラビア語で「イジュティハード」と呼ばれているが、さきの引用の最後に追加された注釈によれば、この語は「ジハード」と語源が同じだという。

> アラビア語の知識がなければ、イジュティハードがいまでは悪名高い語になってしまったジハードと同じ語源に由来することを知るのは困難だろう。ジハードの主要な意味は聖戦ではなく、むしろ真実を求めるために行う精神的な努力のことである。（HDC 68-69／八六）

アラビア語の使用と、そこに添えられたちょっとした注釈とは、まさにサイード自身のいう「言葉への愛」の実践例なのではないか。「ジハード」は二〇〇一年の合衆国同時多発テロ以降、テロリズムと同義であるかのように誤用されていた。誤った意味で借用された挙句、「わたしたち」にたいする脅威集団としての「やつら」、すなわち髭を生やして猛々しい顔つきをした褐色の肌の男性のイメージへと還元されてしまった語を、元の言語での意味へと引きもどし、さらにはその語源へと遡ること。サイードがここでみごとに立証しているのは、アラビア語とイスラーム世界についての知識を導入することによって、「読むこと」という人文学の基盤がけっして西洋中心主義的で狭量な学問ギルドの成員だけの特権なのではなく、人類共通の伝統に根ざした営みだということである。

　最初の問いに戻ろう。サイードがクルアーン解釈をモデルにして説明した、人文学における「読むこと」の営みのなかに、何か画期的な〈新しさ〉が生まれる余地はあるのだろうか。相互依存的読解システムとしての読者共同体（イスナード）は皮肉にも、サイードが批判するオリエンタリズムの一側面を彷彿とさせる。つまり、西洋のオリエンタリスト学者らが東洋のテクストや言語を研究することによってつくりあげた、知識の相互引用システムとしてのオリエンタリズムだ。このようなシステムのなかで相互引用を繰り返しているだけであれば、何か新しい読解、新しい解釈が生じる可能性はきわめて低い。そこでは紋切り型が際限なく反復され、真実であるかのごとく定着していくだけだ。

〈新しさ〉が出現するとすれば、イジュティハードのほうに可能性がありそうだ。個人がテクストを真摯に精読し、共同体的解釈をただ反復するのではなくそこからの逸脱を試みることによって、これまでに先人が誰も思いもよらなかった新しい読解を発見することは、確かにあるかもしれない。ただしサイードは、テクストの個人的な読解や解釈はつねに、個人を支配する法体系や時代の慣習や心性によって制限を受けていると指摘している。しかも、こうした制限がなければ「制御不能な主観性の狂乱状態」に陥ってしまうと警告もしている（HDC 69／八七）。

だが、おそらく問いの立てかたそのものがまちがっている。重要なのは、クルアーン解釈を基にした社会モデルでは、〈新しさ〉はそれ自体が究極の目標ではないということではないだろうか。サイードによれば、クルアーン解釈は〈神の言葉〉とされるテクストの根幹に可能なかぎり接近することを目指しているという。〈神の言葉〉はすでに語られてしまっているのだから、そこにはそもそも〈新しさ〉はない。もちろんそれが〈神の言葉〉であるかぎり、いくら繰り返し読んだところで人間が完全な理解に到達することはできない。この不可能な目標を、個人は共同体と共有している。テクストを読む、解釈する、批評するという営為をつうじて、個々人は互いにわずかばかりの新奇性や独創性を競いあうかもしれない。しかし、個人のあいだの競争になんらかの社会的な意義があるとすれば、それはあくまで、〈神の言葉〉によりいっそう近づくための道筋を探しあてるという共通《コモン》のプロジェクトに、わたしたちが参加しているかぎりにおいてなのである。

**追記 —— 希望は棄てない**

真夏のように暑い晩秋、ソーシャル・メディアに溢れかえる廃墟の画像を前にして、わたしたちはいま、どのようにして言葉への愛を実践すればよいのだろうか。街も自然も破壊され、人間も人間以外の動物たちも無残に虐殺されてしまったあとでは、テクストだってもちろん、ばらばらに打ち砕かれてしまっている。そのテクストがほんとうに〈神の言葉〉だったのかどうかすら、いまのわたしたちにはわからない。

ニヒリズムに陥るのはたやすい。人文学なんてもはや必要はないのだと。わたしたちにできることはないのだと。そもそも人間なんて、この地上には要らないのだと。ニヒリズムこそが、いまや世界の最新モードになりつつある。

それでもわたしたちは、途方に暮れはしても、希望を棄てることはない。焼け跡にオリーブの木を植える代わりに、瓦礫の山を掘りおこし、砕け散ったテクストの断片を拾い集め、なんとかつなぎ合わせることができないものかと、今日も試行錯誤している。口元には微笑みさえ浮かべて。その努力がいつ世界を救済することになるのか、誰も知らなかったとしても。

*1　いうまでもなく、「独創性」や「新奇性」は新自由主義的メリトクラシーの評価基準として以外にも、独自に考察するに値する概念である。サイード自身も『はじまり』など初期の著作で、しばしばこれらの概念を扱っている。『世界、テクスト、批評家』には「独創性について」というタイトルの論考が収録されており、共同体と個人の葛藤というサイード的主題が反復と独創性の葛藤として展開されている（WTC 126-139／二〇九―二三〇）。一方、「晩年性《レイトネス》」に関心を抱いていた後期の著作においては、晩年性と新奇性のあいだのアナクロニズム（晩年期の芸術家がこれまで

に築いてきたスタイルを破壊することによって、時代を先取りするような新奇な作品を生み出すことがあるという逆説）が注目され、〈新しさ〉をめぐる問いが初期の著作とはやや異なる文脈で追究されている（LS 3-24／二三―五二）。

＊2　フランソワ・キュセ『フレンチ・セオリー――アメリカにおけるフランス現代思想』桑田光平／鈴木哲平／畠山達／本田貴久訳（ＮＴＴ出版、二〇一〇年）一八六頁。François Cusset, *French Theory: How Foucault, Derrida, Deleuze, & Co. Transformed the Intellectual Life of the United States*, Jeff Fort trans. (University of Minnesota Press, 2008) p.194.

＊3　いかに先行研究が重要かといえば、実際に多くの研究者が論文を読むときにはまず最初に註と文献表に目を通すといい、引用文献の数こそが論文の価値を決めると考えている（この註は、そうした考えをもつ研究者のために書かれている）。

＊4　たとえばジョゼフ・ノースは、「文献学への回帰」を「学者的なパラダイムの勝利の結果」と呼んでいる（ノースはこの論考の内容をタイトルだけで判断し、中身は読んでいないにちがいない）。Joseph North, *Literary Criticism: A Concise Political History* (Harvard University Press, 2017), p.117.

＊5　Bruno Latour, "Why Has Critique Run out of Steam? From Matters of Fact to Matters of Concern," *Critical Inquiry* 30 (2004) pp. 225-247. ブリュノ・ラトゥール「批判はなぜ力を失ったのか――〈厳然たる事実〉から〈議論を呼ぶ事実〉へ」伊藤嘉高訳『エクリヲ』一二（二〇二〇年五月）一九八―二三〇頁。同誌には「ポストクリティーク」特集が組まれており、ラトゥールのほか、リタ・フェルスキ、イヴ・コソフスキー・セジウィックの論考が翻訳されて紹介されている。ラトゥールの思想が人文学、ポストクリティークの潮流に与えた影響については、以下も参照。Elizabeth S. Anker and Rita Felski eds, *Critique and Postcritique* (Duke University Press, 2017); Rita Felski and Stephen Muecke, eds, *Latour and the Humanities* (Johns Hopkins University Press, 2020).

＊6　Rita Felski, *The Limits of Critique* (University of Chicago Press, 2015) pp. 14-51。以下も参照。Eve Kosofsky Sedgwick, *Touching Feeling: Affect, Pedagogy, Performativity* (Duke University Press, 2003) pp. 123-151. イヴ・コソフスキー・セジウィック『タッチング・フィーリング――情動・教育学・パフォーマティヴィティ』岸まどか訳（小鳥遊書房、二〇二二年）一九六―二四一頁。フェルスキとセジウィックはともに、ポール・リクールの「懐疑の解釈学」という概念に基づいてクリティークの系譜を説明している。

＊7　サイードのフロイト受容にかんする近年のまとまった研究としては、以下を参照。Robert K. Beshara, *Freud and Said: Contrapuntal Psychoanalysis as Liberation Praxis* (Palgrave, 2021).

＊8　Sedgwick, *Touching Feeling*, pp. 149-150. 二三九―二四〇頁。

＊9　Rita Felski, *The Limits of Critique*, p. 155.

＊10　Sedgwick, *Between Men: English Literature and Male Homosocial Desire* (Columbia University Press, 1985). セジウィック『男同士の絆――イギリス文学とホモソーシャルな欲望』上原早苗／亀澤美由紀訳（名古屋大学出版会、二〇〇一年）。一九八〇年代、九〇年代のフェルスキの代表的な著作には、*Beyond Feminist Aesthetics: Feminist Literature and Social Change* (Harvard University Press, 1989), *The Gender of Modernity* (Harvard University Press, 1995) などがある。

＊11　「文献学への回帰」の成立過程については以下を参照。Moustafa Bayoumi and Andrew Rubin eds, *The Selected Works of Edward Said 1966-2006* (Vintage, 2019) p. 530.

# 謝辞

本書を構成する五つの章のうち、序章、第三章、終章は書き下ろし、第一章と第二章は既刊の論考に加筆修正を加えたものである。第一章、第二章の初出は以下のとおり。

第一章「エドワード・サイード――ある批評家の残響」（『群像』二〇二一年七月号）

第二章「旅する理論――エドワード・サイードはフーコーをどう読んだか」（『思想』二〇一九年九月号）

転載を許可してくださった講談社『群像』編集部、岩波書店『思想』編集部のご担当者さまに感謝したい。また、第二章のもとになったのは、京都大学人文科学研究所・共同研究「フーコー研究――人文科学の再批判と新展開」の例会（二〇一八年三月一八日）での口頭発表だったことも、研究班のみなさまへの感謝をこめて付け加えておきたい。

第三章の一部は、二〇二一年一〇月二二日に開催されたスウォンジー大学主催の「レイモンド・ウィリアムズ百周年記念シンポジア」の日本シンポジウムで“Intention and Agency in the Television Age: Raymond Williams’s *Television* (1974) and Edward Said’s *Beginnings* (1975)”というタイトルで口頭発表された。発表の機会をくださったスウォンジー大学のダニエル・ウィリアムズさん、レイモンド・ウィリアムズ研究会のみなさまにもお礼を申し上げたい。推敲の過程で中央大学の西亮太さんから貴重な助言をいただけたことも、非常にありがたかった。

筆者はここ数年、「エドワード・サイードと批評」というテーマで論考をまとめたいと漠然と考えていたが、いろいろと躊躇するところもあり、書肆侃侃房の藤枝大さんが強く背中を押してくださらなかったら、本書が完成することはなかったと思う。藤枝さんの励ましと熱意に深く感謝したい。本書の内容以上にすばらしい装幀を仕上げてくださった成原亜美さん、装画を提供してくださったqpさんにも、お礼を申し上げたい。

## ■著者プロフィール

中井亜佐子（なかい・あさこ）

1966年生まれ。一橋大学大学院言語社会研究科教授。専門は英文学。オクスフォード大学博士課程修了（D.Phil.）。著書に、『日常の読書学——ジョゼフ・コンラッド『闇の奥』を読む』（小鳥遊書房、2023年）、『〈わたしたち〉の到来——英語圏モダニズムにおける歴史叙述とマニフェスト』（月曜社、2020年）、『他者の自伝——ポストコロニアル文学を読む』（研究社、2007年）など。翻訳に、ウェンディ・ブラウン『いかにして民主主義は失われていくのか——新自由主義の見えざる攻撃』（みすず書房、2017）など。

**エドワード・サイード　ある批評家《ひひょうか》の残響《ざんきょう》**


2024年1月26日　第1刷発行

著　者　中井亜佐子
発行者　池田雪
発行所　株式会社 書肆侃侃房（しょしかんかんぼう）
〒810-0041 福岡市中央区大名 2-8-18-501
TEL 092-735-2802　FAX 092-735-2792
http://www.kankanbou.com
info@kankanbou.com

編集　藤枝大
DTP　黒木留実
印刷・製本　モリモト印刷株式会社





ISBN978-4-86385-612-7 C0010